W0217814

L'arbre du Ténéré (acacia-raddiana). Symbole du Ténéré, il fut déraciné en 1973 par un camion libyen. Aujourd'hui il est visible au musée de Niamey. Ses racines plongeaient à plus de 40 mètres de profondeur. Seul arbre près du puits, il est encore indiqué sur les cartes.

Renault Automation
a le plaisir de vous offrir
cet ouvrage.

TÉNÉRÉ

Désert d'absolus

A mon ami le Professeur Théodore Monod

Il a été tiré de cet ouvrage 50 exemplaires de luxe, hors commerce,
numérotés de I à L, ainsi que 290 exemplaires de luxe numérotés de 1 à 290.

Copyright© 1990 : Editions AGEP
336, avenue de Mazargues. 13008 Marseille, France
All rights reserved throughout the world

TÉNÉRÉ

Désert d'absolus

PHOTOGRAPHIES

JEAN-MARC DUROU

Coordination artistique
Martine Durou

AGEP
VILO
PARIS

Sous la direction de
Roger Sabater

Dunes de Temet de nuit

SOMMAIRE

PREFACE

Mano Dayak

Parler de son pays natal est un exercice à la fois exaltant et périlleux. Le Ténéré est pour moi le plus beau désert du monde, mais peut-être est-ce parce que j'y suis né, et que rien ne paraît plus beau à chaque homme que la terre de ses ancêtres. Terre de légendes et de voyages, le Ténéré donne pourtant à ceux qui le découvrent d'innombrables raisons de s'émerveiller et de rêver. Pays de contrastes et de grandeur, il offre au regard des paysages grandioses et à l'imagination des perspectives illimitées.

Montagnes de granite ou de marbre bleu, dunes immenses, plaines sableuses infinies, falaises, arches et pitons rocheux, autant de reliefs qui se rencontrent et s'affrontent, dans un univers minéral dont toute vie semble absente. Mais les dunes bougent et les sables voyagent sans cesse. Tout au long du jour, la lumière fait changer les couleurs et les ombres jouent sur le sable et les pierres, faisant éclater en une palette étincelante les mille teintes du désert. Des plantes verdoyantes apparaissent, accrochées à la dune, balayées et secouées par les vents chargés de sable, des gazelles traversent le reg à la recherche d'un pâturage, des autruches fuient, courant on ne sait où, des papillons et des oiseaux volent des gueltas aux acacias en fleurs. C'est l'éternel combat que livre la nature vivante au désert. Les plantes, les animaux luttent pour se maintenir dans un environnement difficile et hostile, comme autant d'expressions de vie qui se chargent soudain d'une poésie merveilleuse. On assiste à l'impressionnant miracle de la vie au désert...

Etonnement plus saisissant encore que celui que l'on éprouve à la découverte de vestiges préhistoriques, pointes de flèches néolithiques, meules de broyage, harpons, gravures rupestres, multiples traces d'une vie antérieure, au temps où le désert n'était pas un désert et où les hommes vivaient dans une nature verte et humide, accueillante et généreuse.

Aujourd'hui d'autres hommes vivent au Ténéré. Touaregs et Toubous, nomades ou sédentaires installés aux confins du désert, nomades et cultivateurs Kel Oui de l'Aïr ou Kanouri et Toubous du Kawar, caravaniers de l'Aïr et du Djado, tous ces hommes du désert portent dans leur mémoire la nostalgie des fêtes d'antan, le souvenir d'une vie austère, belle et libre. Ils gardent aussi l'espoir de poursuivre cette existence, malgré les menaces qui pèsent sur leur avenir, et défendent jalousement un mode de vie que toutes les tentations extérieures n'ont jusqu'à présent pas pu altérer.

◀ *Dunes de Temet. Certaines atteignent plus de 300 m de hauteur. Il est considéré comme un des plus beaux massifs dunaires du Sahara*

C'est ainsi que les caravanes de sel traditionnelles entre l'Aïr et le Kawar ont triomphé de l'éphémère concurrence des camions. Le système de transport ancestral s'est avéré le plus adapté... et le plus rentable. Et qui pourrait rester insensible à l'émotion que procure le spectacle de ces milliers de pattes de chameaux s'acheminant lentement à travers le grand erg de Bilma ? Ces caravanes symbolisent à elles seules la force du désert et l'adaptation de ses peuples. Rien n'a changé depuis des siècles ; les chants des nomades, leurs vêtements, les légendes et les histoires racontées autour du feu sont restés les mêmes. Que le Ténéré ait gardé à ce point la force de ses traditions, malgré les tentations provoquées par le passage des chercheurs de pétrole, des rallyes-raids ou d'autres « expéditions » anachroniques traversant le désert telles des comètes dérisoires, est la preuve que l'on ne peut plier un désert à ses exigences. Le Ténéré est l'un des plus grands déserts, il reste le maître sur son territoire. Ceux qui y vivent ont su l'apprivoiser, mais nul ne peut le contraindre.

Il est pour ceux qui l'habitent école d'humilité et source de joie, symbole de souffrance et de bonheur mêlés. Les nomades du Ténéré ont perdu aujourd'hui une partie de ce qui composait leur autonomie d'autrefois. Les tentatives de sédentarisation qu'ils subissent de la part des gouvernements contribuent à fragiliser encore un mode de vie qu'il sera de plus en plus difficile de préserver. La vie nomade pourra-t-elle se maintenir au Ténéré, face aux contraintes de plus en plus pressantes du monde moderne ? Il est trop tôt pour répondre aujourd'hui, mais l'on peut espérer que ce qui s'est construit au cours des siècles, au moyen d'un effort constant et d'une volonté de survie exemplaire, ne disparaîtra pas.

Le tourisme fait depuis peu son apparition au Ténéré ; on doit souhaiter qu'il se développe dans le souci de préserver un équilibre souvent fragile. C'est à la fois la responsabilité des gouvernements, des agences de voyages, des guides et surtout des touristes, à qui l'amour du désert devrait permettre de le découvrir avec toute l'attention et le respect qui lui sont dus.

Le Ténéré a toujours attiré et fasciné les voyageurs, par cette image très forte que dégage le vrai désert, royaume du silence et pays de contrastes. Mais un désert reste toujours un univers très mystérieux et l'attirance que l'on peut ressentir pour ces immensités ne s'explique pas. Rêve ou mythe, chacun vient chercher au Ténéré ce qu'il veut y trouver et c'est bien souvent un voyage intérieur auquel nous convie le « désert des déserts ».

Je souhaite qu'à travers ce livre, le lecteur découvre ou retrouve, au fil des mots et des images, le monde d'absolu, de pureté, de sagesse et de passion du Ténéré, fascinant et grandiose.

Coucher de soleil sur l'Arakao (est de l'Aïr)

Ténéré

Massif de Tadrart

Dunes du Ténéré adossées au massif de l'Adrar Chiriet (Aïr) ▶

Sable - Ténéré

Temet

Adrar Chiriet (Aïr)

Montagne Azzaouageur, porte du Ténéré,
dernier relief avant le puits de l'arbre du Ténéré

Dunes en forme de barkhane - Erg de Bilma

Dunes de l'Arakao adossées au Takolokouzet

Roche érodée par le vent à Orida (région du Djado, nord du Kawar)

Paysage de la région de Djaba - Plateau du Djado (région du Djado, nord du Kawar)

Meule néolithique (Ténéré) ; témoignage d'une activité agricole au ténéréen (VIe et V^e millénaires)

1

PREHISTOIRE
Le Ténéré, à travers les millénaires

Thierry Tillet

Au nord-est de l'actuelle République du Niger, le Ténéré et ses bordures, c'est-à-dire le versant oriental de l'Aïr, les plateaux du Djado et la dépression du Kawar, occupent une partie importante de l'immense Bassin tchadien. Le Ténéré se trouve en partie ceinturé par le complexe montagneux des chaînes panafricaines appelé aussi « Bouclier touareg » : ces chaînes se sont formées il y a environ 600 millions d'années lorsque la zone mobile panafricaine est venue percuter le craton ouest-africain, c'est-à-dire le socle fixe situé à l'ouest et au nord-ouest de l'actuel Tilemsi. Trois unités géologiques principales composent ces chaînes : en premier lieu, le vieux socle précambrien, en second lieu les structures intrusives subvolcaniques appelées aussi « structures annulaires », et enfin les structures volcaniques du tertiaire et du quaternaire ancien.

A l'est de l'Aïr, le vieux socle est recouvert par les sables de l'erg du Ténéré et il faut aller au-delà, jusqu'au Djado et au Kawar, pour retrouver, affleurants, les reliefs des formations antérieures au tertiaire.

Au primaire, vers 380 millions d'années, le Bassin tchadien avait été le siège de transgressions marines venues du Nord, et vers la fin du secondaire, entre 100 et 140 millions d'années, la régression marine laissa derrière elle des épandages de sable qui recouvrent le Djado et la partie nord du Ténéré actuel, le Ténéré du Tafassasset. Ce sont ces sables qui vont former les grès de Nubie et de Tégama.

Cette phase de comblement est suivie, vers 100 millions d'années, d'une phase lacustre et palustre qui voit l'installation de dinosauriens. De nouvelles transgressions marines (la Mésogée ou mer de Téthys) alternent ensuite avec des régressions qui laissent de grandes zones de marécages toujours fréquentées par les dinosauriens. Conséquence de l'érosion éolienne, les formations à dinosaures affleurent aujourd'hui au sud du massif de l'Aïr, et la quantité d'ossements de ces grands reptiles qui jonchent le sol dans la région de Gadoufaoua en a fait pour certains « le cimetière des dinosaures ». D'âge aptien, c'est-à-dire du crétacé inférieur, ce gisement de 150 kilomètres de long sur 2 kilomètres de large a fourni sept espèces de dinosaures dont l'*Ouranosaurus nigeriensis*. De la famille des iguanodons, ce reptile était un herbivore bipède fréquentant les zones humides des régions marécageuses. En raison des nombreux pillages dont ce site a déjà souffert, le gouvernement nigérien a pris, dans les années 70, des mesures pour sa protection, et il a été déclaré « zone interdite ».

A la fin du tertiaire et au début du quaternaire, vers 2,5 millions d'années, d'importants mouvements tectoniques provoquent le soulèvement de l'ensemble Aïr-Djado-Kawar-Ténéré, alors que la cuvette, centrée sur le lac Tchad, s'approfondit. Il en résulte une exposition plus importante de la périphérie occidentale du bassin offrant davantage de prise à l'érosion, et la limite tertiaire-quaternaire est ainsi marquée par le profond creusement des vallées du Niger oriental.

Au niveau climatique, alternent ensuite, tout au long du quaternaire, des phases plus ou moins humides et des phases arides, et plusieurs faciès lacustres de l'extrême fin du tertiaire et du tout début du quaternaire nous sont aujourd'hui révélés, en de nombreux points du Ténéré, par la présence de diatomite, une roche blanchâtre et poreuse constituée d'algues unicellulaires microscopiques (les diatomées) qui se développent uniquement en milieu lacustre ou palustre. Présence aussi d'une riche faune composée principalement, vers 5 millions d'années, de deux proboscidiens de type mastodonte et stégodonte, d'un crocodilien et d'une petite forme d'hippopotame, puis, vers 2 à 3 millions d'années, d'un loxodonte. Vers 1 million d'années, le stégodonte disparaît, et le loxodonte du type de l'éléphant africain actuel se développe ainsi que l'ensemble de la grande faune africaine, aujourd'hui présente dans des régions plus méridionales ; c'est de cette époque aussi qu'a été daté le *Tchadanthropus*, découvert en 1961 au pied du Tibesti : il s'agit de l'hominien le plus ancien connu, à ce jour, au Sahara.

Issu d'Afrique orientale, l'homme se serait répandu dans toute l'Afrique en suivant les zones non recouvertes par la forêt tropicale, et le Sahara aurait alors permis la diffusion précoce du genre homo vers le Nord et le Nord-Ouest en direction de l'Afrique du Nord puis de l'Eurasie. La bordure occidentale du Tibesti semble correspondre à un ancien couloir de pénétration de l'homme, probablement de type *homo erectus* primitif, il y a quelque 1,5 million d'années, et dans le Ténéré du Tafassasset, de nombreux sites comme celui d'In Afalaleh témoignent de son passage à cette époque. Ces sites sont jonchés d'outils lithiques qui ne sont que des galets grossièrement taillés sur une ou deux faces permettant le dégagement d'un tranchant non affiné et très sinueux. Ces galets taillés et les éclats issus de leur taille sont, dans un premier temps, les

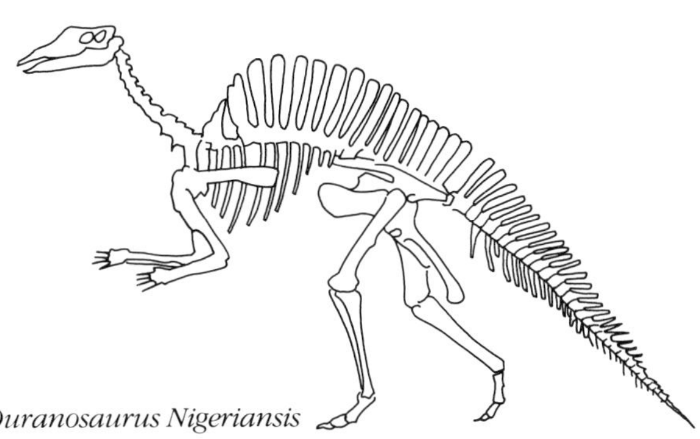

Ouranosaurus Nigeriansis

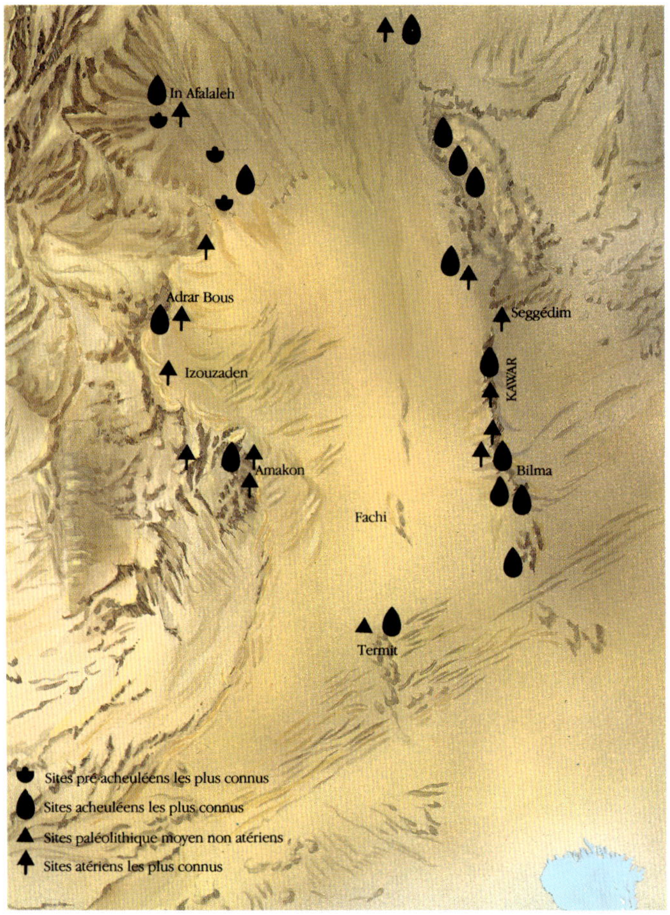

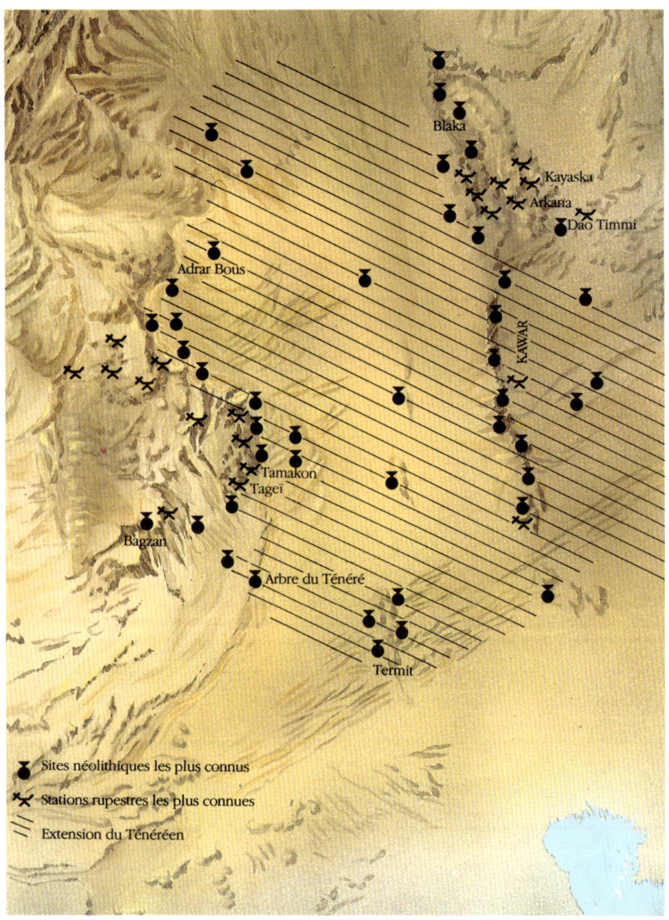

seuls outils lithiques de la panoplie de nos plus anciens ancêtres, mais ils continueront d'être fabriqués même lorsque des outils techniquement plus élaborés auront été mis au point, et demeurent encore très nombreux dans les premiers temps de la civilisation acheuléenne comme en témoigne un gisement particulièrement important à Bilma, au Kawar. Ils sont cependant progressivement remplacés, vers 500.000 ans, par des outils plus fins munis de tranchants plus effilés, et pour lesquels la volonté de symétrie est manifeste ; ce sont les caractéristiques bifaces de la civilisation acheuléenne. A ce stade, les gisements deviennent de plus en plus nombreux dans le Ténéré où on les rencontre depuis le nord du massif de Termit jusqu'au nord du Djado en passant par le Kawar, ainsi que sur la bordure orientale de l'Aïr comme à l'Adrar Bous.

La civilisation acheuléenne semble s'éteindre avec l'arrivée d'une phase hyper-aride vers 100.000 ans. Un erg s'installe sur le Ténéré et il faudra attendre près de 60.000 ans pour retrouver une occupation humaine de cette région.

Au 40e millénaire, la recharge, à partir des piémonts des massifs du Tibesti, de l'Aïr et du Hoggar, de la nappe phréatique, provoque la formation d'étendues lacustres dans les cuvettes interdunaires de l'erg précédemment installé. Les dépôts qui subsistent illustrent la phase — considérée comme humide, mais qui était en réalité plutôt subaride (1) — nommée « ghazalien » qui prendra fin vers 20.000 ans B.P. (2). Cependant, il faut noter que cette phase est scindée en deux par un court épisode hyper-aride entre 33 et 30.000 ans. Cette phase ghazalienne voit l'occupation du Ténéré par les populations atériennes, principalement au cours de la seconde phase, c'est-à-dire entre 30 et 20.000 ans. Cette civilisation qui doit son nom au site éponyme de Bir el Ater, en Algérie, est, culturellement de type paléolithique moyen, et occupe donc le même créneau chronologique que le début du paléolithique supérieur d'Europe occidentale (civilisations de l'Homme de Cro-Magnon). Elle est caractérisée par la présence d'un pédoncule d'emmanchement à la base des différents types d'outils, aussi bien les pointes que les racloirs, les grattoirs, etc. Dans le Ténéré, les gisements les plus importants sont l'Adrar Bous, Izouzaden, Amakon sur la bordure occidentale, Seggedim, Chemidour, Bilma sur la bordure orientale. Les berges des lacs et marécages sont colonisées par cette civilisation qui a alors atteint un haut degré de technicité dans l'art de tailler le quartzite, la rhyolite verte comme à l'Adrar Bous, ou même le quartz comme à Izouzaden.

A la période de relative humidité du ghazalien, succède, d'une façon assez brutale, une phase hyper-aride dont le maximum d'aridité devait se situer aux environs de 19.000 ans. Cette période hyper-aride, nommée « kanémien » dans le Bassin tchadien, va provoquer l'assèchement des lacs et de puissants remaniements éoliens entraînant la formation de dunes, et, par conséquent, l'exode des populations atériennes.

Après environ 8.000 ans d'aridité extrême, la nappe phréatique remonte, et les lacs interdunaires se forment de nouveau dès 12.000 ans ; il s'agit du « nigéro-tchadien » inférieur qui prend fin vers 7.000 ans environ et comprend une courte période moins humide vers 10.000 ans. Du matériel épipaléolithique découvert sur la bordure orientale de l'Aïr témoigne de la réoccupation humaine — peu importante cependant — de cette région au cours de cette première phase humide située entre 12 et 10.000 ans. A partir de 10.000 ans, cet épipaléolithique évolue très vite en un néolithique, qui, tout en conservant en substrat la « pointe d'ounan » — outil caractéristique de l'épipaléolithique —, va inventer très précocement la céramique.

Le néolithique le plus ancien de cette région, découvert dans l'Aïr sur le mont Bagzan, a été daté de près de 9.500 ans avant nos jours. Contrairement à l'outillage composé d'éclats utilisés le plus souvent sans transformation par retouche, qui reste très rudimentaire, la céramique est déjà bien élaborée et son décor en « lignes ondées pointillées » est considéré au Sahara comme le plus ancien imprimé dans la pâte des céramiques. Par sa datation, ce site est actuellement le plus ancien gisement à céramique du Sahara, et il est, par ailleurs, presque contemporain de ceux du Proche-Orient, les plus anciens au monde connus actuellement.

Cette invention de la céramique est liée à la sédentarisation des populations car une poterie est un objet à la fois encombrant et fragile qui se prête mal aux transports incessants. La civilisation néolithique va bouleverser l'économie des hommes préhistoriques, on parle même de « Révolution néolithique » car on passe d'une économie de prédation exclusive à une économie de production. L'homme qui jusqu'alors vivait en parasite (chasse, pêche, cueillette, collecte de coquillages...), détruisant pour se nourrir mais ne produisant pas, va devenir producteur. Sans abandonner les activités d'approvisionnement ancestrales, l'homme néolithique va peu à peu se mettre à produire de nouvelles espèces animales et végétales par sélection et domestication : l'élevage et l'agriculture sont nés ! Nous en avons pour preuve les graines des végétaux cultivés qui ont laissé leur trace dans l'argile des poteries, les graines elles-mêmes que l'on retrouve parfois incrustées dans les céramiques, et les ossements d'animaux domestiques, en particulier de bovinés, qui abondent dans certains gisements sahariens. Cette hypothèse d'une économie de production très précoce au Sahara central semble confirmée également par la présence, à cette époque, d'un grand nombre de meules et

(1) *Subaride : degré d'aridité équivalent aujourd'hui à celui des environs d'Agadez.*

(2) *B.P. : before present : avant nos jours. Toutes les datations sont données en B.P., sauf indications contraires.*

molettes destinées au broyage de céréales : en effet, ce sont, là encore, des objets se prêtant mal au transport en raison de leur poids.

Malgré une légère régression de l'humidité, c'est vers les VIe et V^e millénaires que se répand, à travers tout le Ténéré et même au-delà, un faciès du néolithique moyen dit « ténéréen » qui est l'un des plus beaux néolithiques sahariens. Il est caractérisé par un matériel très élégant composé d'armatures foliacées, de disques très fins à retouche bifaciale, d'herminettes, de haches taillées et polies, souvent à gorge, et de nombreux microlithes géométriques, mais aussi de magnifiques poteries à panse hémisphérique toujours décorées par impression. Cette brillante culture, probablement d'origine orientale, s'étend de l'erg d'Admer au massif de Termit, et de la bordure est de l'Aïr au Borkou (Tchad), mais les gisements les plus nombreux se situent dans la partie occidentale du Ténéré, principalement entre l'Adrar Bous et l'Arbre du Ténéré. Le nord du massif de Termit est également riche en sites ténéréens, mais qui semblent correspondre à un faciès particulier de cette culture.

La grande quantité de meules et molettes dispersées sur tous les gisements ténéréens pourrait être un témoignage d'une activité agricole car la cueillette des graines sauvages n'aurait pas nécessité, à elle seule, une telle abondance de matériel à moudre ; quoi qu'il en soit, aucune preuve réelle n'est parvenue jusqu'à nous. Par contre, des carcasses de bœufs découvertes sur certains sites (Adrar Bous en particulier) attestent une activité d'élevage.

Après une courte période aride, une dernière phase transgressive provoque la formation de nouveaux lacs et marécages : c'est le « nigéro-tchadien » supérieur qui voit une extension très restreinte des lacs et marécages et un écoulement peu important des oueds sur le bord desquels s'installe la dernière occupation néolithique. Elle sera très brève, vite remplacée par celle des paléoberbères au début de l'installation de l'aridité actuelle.

Dans l'ensemble, le type humain de l'époque néolithique se rattache au type mélano-africain : taille relativement grande et dolichocéphalie (allongement du crâne) très prononcée. C'est du moins le seul type reconnu grâce aux restes humains relativement nombreux que les sites du Ténéré nous ont livrés ; mais nous connaissons, en dehors du Ténéré, des restes humains néolithiques correspondant à des populations de type méditerranéen et, par conséquent, blanches. C'est cependant l'art rupestre qui nous a fourni le plus grand nombre de renseignements concernant les types humains du néolithique saharien et leur mode de vie.

C'est, en effet, au néolithique qu'apparaissent au Sahara les premières manifestations artistiques. Les artistes responsables des œuvres gravées et peintes sur roches et parois nous ont laissé plusieurs styles correspondant, pour la plupart, à différents stades de l'évolution culturelle. Bien que l'on ne puisse

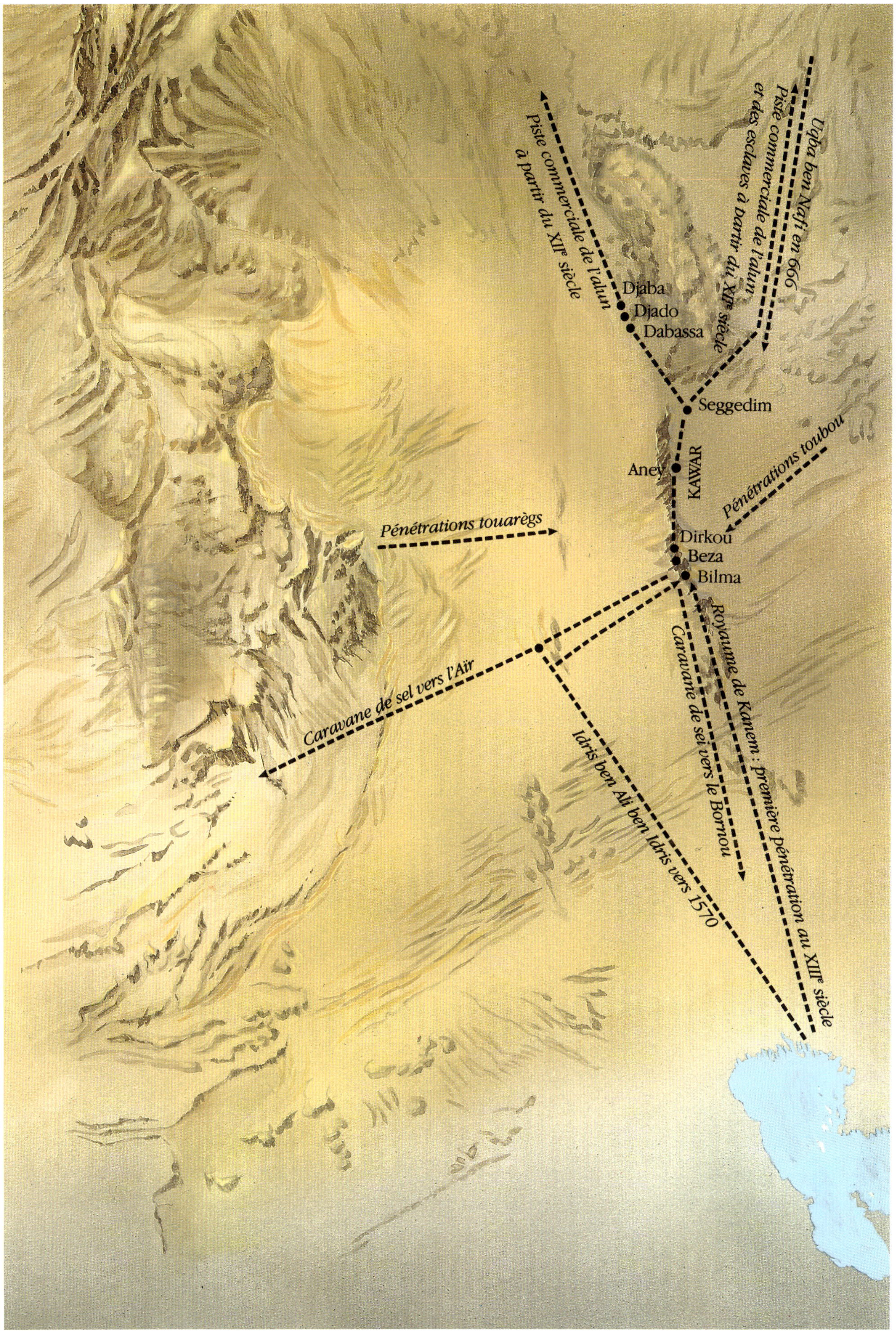

dater avec précision ces œuvres d'art, il reste néanmoins possible d'en retracer l'évolution.

En ce qui concerne les gravures, les plus anciennes correspondent au « grand style naturaliste des chasseurs », dont les animaux représentés sont exclusivement sauvages, ce sont des éléphants, des girafes, des rhinocéros, des antilopes, etc. Ce premier style, probablement prépastoral, pourrait être antérieur à 7.000 ans. Les hommes sont représentés avec des têtes d'animaux (chacals, antilopes, oiseaux). Ces figurations, très naturalistes, peuvent être de très grande taille et les principaux foyers sont le nord du Tassili, la Tadrart Acacus, le nord du Tibesti et le Djado, et semblent absentes de l'Aïr.

Probablement contemporain de ce style, nous avons le style des « Têtes rondes » dont les œuvres sont peintes. Les sujets représentés sont principalement des personnages de grande taille et ce style tire son nom du caractère géométrique discoïde de la représentation du visage. Il abonde au Tassili, dans l'Acacus et dans l'Ennedi, mais se trouve totalement absent aussi bien du Djado que de l'Aïr.

Un troisième style, certainement le plus connu, le style « bovidien », est le premier style à montrer, avec un naturalisme frappant, des scènes pastorales. Il se situe probablement entre 7.000 et 4.000 ans avant nos jours et on peut se demander si ces œuvres ne seraient pas dues aux Ténéréens qui leur sont, de toute façon, contemporains. La grande faune sauvage est bien moins représentée et les pasteurs, soit nus, soit vêtus de tuniques, gardent des troupeaux de bovidés et parfois même de petit bétail. Ils portent des plumes sur une longue chevelure et sont très souvent armés d'un arc. De véritables scènes de campement sont représentées dans ces œuvres, aussi bien au Tassili qu'au Tibesti, dans l'Ennedi et le Hoggar, ainsi que sur la bordure est de l'Aïr et dans le Djado.

Le déclin de cette phase bovidienne commence avec le processus de désertification, accéléré d'ailleurs par le grand nombre de têtes de bétail, et un nouveau style apparaît alors sur les parois et blocs de l'ensemble du Sahara : le style « équidien » qui correspond, comme son nom l'indique, à l'introduction du cheval au Sahara. Avec les équidiens, nous entrons dans la phase post-néolithique et le métal est déjà présent : javelots et boucliers ronds remplacent l'arc. Les silhouettes humaines sont représentées en « diabolo » ou « sablier » — la tunique semblant serrée à la taille par une ceinture — la tête est figurée par un simple bâtonnet ou d'une façon très schématique, et les femmes portent une robe en forme de cloche. Le char fait son apparition mais son utilisation, dans les zones où il est représenté (zones accidentées), semble réservée à la parade car, constitué de branchages assemblés à l'aide de lanières probablement de cuir, il devait être trop fragile pour être utilisé dans un but de chasse ou de guerre.

Dans une seconde phase de la période équidienne, les chevaux seront alors montés par des guerriers souvent démesurés par rapport à leur

Coucher de soleil sur le Ténéré (région du Djado)

Massif d'Orida au coucher du soleil (région du Djado, nord du Kawar)

Peinture rupestre présentant un bovidé monté par un homme (style bovidien)
Peinture rupestre polychrome présentant une scène pastorale (style bovidien)
Enneri Blaka (Djado)

Gravure rupestre présentant un char attelé à deux bovidés et conduit par un personnage armé de deux javelots (style équidien). Arkana (Enneri Blaka, Djado)
▼

▲
Gravure rupestre présentant un personnage armé de javelots : la tête est surmontée d'antennes, il semble porter une boucle d'oreille et un petit sac pend à son coude gauche (style libyco-berbère). Tezirzek (Aïr)

▲
Gravure rupestre présentant un couple de rhinocéros (style des chasseurs). Sous-marin du Blaka (Djado)

▲
Gravure rupestre présentant une girafe en mouvement (style des chasseurs). Sous-marin du Blaka (Djado)

▲ *Outillage paléolithique et néolithique
à gauche : lame pédonculée atérienne (Izouzaden, Ténéré) ;
en haut à gauche : pointe d'Ounan (Adrar Bous, Ténéré) ;
en haut à droite : harpon néolithique (Adrar Bous, Ténéré) ;
en bas : 3 armatures de flèches ténéréennes (Adrar Bous, Ténéré) ;
à droite : disque ténéréen (nord de l'Adrar Bous, Ténéré Tafassasset).*

La pointe d'Ounan, le harpon et les armatures de flèches font partie des collections des missions Berliet Ténéré-Tchad, entreposées à l'Université de Limoges

Objet énigmatique présentant une série de 8 losanges et peut-être une tête d'éléphant à l'une des extrémités (néolithique). (Grein, Ténéré) ▶

monture. Armés de javelots et du bouclier, ces « guerriers libyens » sont probablement les Garamantes dont parle Hérodote et qui au Fezzan (zone plane) « chassent en chars à quatre chevaux les Troglodytes Ethiopiens ». Les coiffures en forme de champignon renversé ou à antennes sont typiques de cette phase appelée « libyco-berbère ». Ces guerriers pourraient être à l'origine des Touaregs actuels.

La période du cheval ne durera pas plus d'un millénaire en raison de la dégradation rapide du climat et il sera remplacé, quelques siècles avant l'ère chrétienne, par le dromadaire, mieux adapté aux régions désertiques. Un cinquième style apparaît alors, c'est le style « camelin » qui est décadent par la simplification maximale de ses représentations. Le transport caravanier devient le sujet de prédilection et nous arrivons ainsi en période historique.

L'art rupestre du Djado n'a jamais été étudié de façon approfondie, et si nous connaissons un certain nombre de stations, en particulier dans l'ensemble enneri Blaka-enneri Domo et dans la région de Dao Timmi, c'est grâce aux nombreuses observations faites à l'époque coloniale par les méharistes lors de leurs déplacements, ainsi qu'à la Mission Berliet Ténéré-Tchad qui, en 1960, permit à des chercheurs de décrire un peu plus en détail la station de Kayaska surnommée « le Sous-Marin du Blaka ». C'est une énorme formation gréseuse qui se dresse au milieu de la vallée tel le kiosque d'un sous-marin émergeant des sables. L'étonnant naturalisme des éléphants, rhinocéros, girafes, antilopes et même — chose exceptionnelle — hyène gravés sur les parois verticales et la plate-forme horizontale du « Sous-Marin », semble correspondre à la période des chasseurs, alors que sous un petit abri, une frise peinte en ocre rouge représentant une série de personnages à tête en bâtonnet et robe en forme de cloche pour les femmes, correspond au style équidien. Tout près de cette frise, sous une dalle formant une corniche, une scène de chasse aux mouflons, peinte mais dont les contours sont gravés, présente un chasseur, armé d'un arc et ajustant son tir, un genou posé au sol, d'un réalisme étonnant. Cette scène pourrait être intermédiaire entre les gravures naturalistes de la faune sauvage et la frise de personnages du style équidien et donc dater de la phase bovidienne.

Dans une vallée proche, une autre station présente, sous une petite coupole gréseuse, une scène pastorale polychrome montrant un troupeau de bovidés dont certaines bêtes sont montées par des hommes ; le caractère bovidien de l'ensemble ne fait aucun doute.

A la jonction des enneris Domo et Blaka, la station d'Arkana (nom toubou signifiant confluence de deux enneris) réunit des milliers de gravures de quatre époques différentes sur une dalle horizontale au centre de l'enneri et sur les reliefs environnants.

La période des chasseurs, la plus ancienne, se caractérise par des lignes profondément incisées et son sujet de prédilection est la grande faune sauvage (éléphants, girafes, antilopes, etc.), telle cette scène touchante d'une mère rhinocéros précédée de son petit : par contre, les représentations humaines sont rares. Par sa technique et le choix de ses sujets, ce premier style d'Arkana se rapproche du grand style naturaliste des chasseurs du Fezzan et de l'Oued Djerat. Un petit personnage d'Arkana, masqué et doté d'un phallus démesuré, est tout à fait identique à d'autres rencontrés à la Tadrart Acacus, au sud-ouest de l'actuelle Libye, ce qui semble bien indiquer l'existence de rapports étroits entre ces deux régions, à l'époque de ce style ancien de l'art rupestre saharien.

La période bovidienne classique est peu présente à Arkana, mais on y remarque quand même une superbe vache aux cornes déformées ainsi qu'une rangée de veaux attachés à une corde. Au contraire, la période du cheval est très présente avec plusieurs chars tirés par des bœufs, et le cheval, peu représenté, est monté par un personnage à antennes ; ces scènes correspondent manifestement à deux phases différentes : la première, caractérisée par un trait profondément incisé (deux magnifiques chars et un guerrier armé de deux javelots et d'un bouclier rond), la seconde se distingue par une technique de gravure par piquetage (cheval monté et personnages à antennes). Ces gravures de la période du cheval sont l'œuvre des groupes libyco-berbères qui ont pu atteindre le Djado par le Nord en provenance du Fezzan, mais aussi par l'Ouest en provenance de l'Aïr. En effet, l'un des chars et quelques détails dans le style rappellent très nettement certaines gravures du Fezzan, mais de nombreuses originalités dans le style de la représentation des animaux et surtout des personnages à antennes témoignent d'une influence des régions de l'Aïr.

Enfin, la période du chameau a laissé peu de traces à Arkana et, semble-t-il, d'une façon générale dans le Djado. A Arkana, il semble que l'on puisse inclure dans cette phase les représentations de sandales et inscriptions tifinaghs (écriture d'origine libyco-berbère utilisée par les Touaregs) pour lesquelles la technique du trait incisé est à nouveau utilisée. La rareté des gravures de la période cameline laisse supposer que depuis l'introduction du dromadaire — quelques siècles avant l'ère chrétienne —, les vallées encaissées du plateau du Djado, devenues inhospitalières en raison de l'aridité grandissante, n'étaient plus que rarement fréquentées.

Dans l'Aïr, ou plutôt sur sa bordure orientale, au contact du Ténéré, les nombreuses stations à gravures rupestres se classent principalement en deux ensembles. Le plus ancien, peu répandu, correspond à un style bovidien un peu particulier et se trouve principalement à la station du Kori (3) Tamakon. Les personnages, très nombreux, sont accompagnés de troupeaux de bovidés et voisinent avec la grande faune sauvage — en particulier la girafe —, le tout obtenu par piquetage. Les personnages sont présentés vêtus de tuniques retenues autour du cou et non cintrées à la taille, et quelques-uns — peut-être de sexe féminin — portent, en plus, un superbe costume « d'apparat ». La tête et les membres sont filiformes et l'arc semble être leur seule arme.

Le second ensemble, très fréquent dans la région, est le style libyco-berbère particulièrement représenté à la station du Kori Tagueï. Chars et chevaux sont montés par des personnages armés de lances ; la tête est presque toujours surmontée de plumes ou d'antennes, et quelques sujets semblent porter des boucles aux oreilles, tandis que beaucoup sont munis d'un petit sac pendant au coude. Les costumes sont plus élaborés et ornés de motifs géométriques...

C'est vers le milieu du IVe millénaire qu'apparaissent, au Sahara, les monuments funéraires de type tumulus qui se composent d'un amoncellement de blocs surmontant une fosse creusée dans le sol. Ce tumulus est dit « à cratère » lorsqu'il présente un puits ménagé au centre. Les « bazinas » sont de véritables constructions, parfois à degrés, mais on rencontre aussi d'autres monuments qui avaient peut-être une fonction cultuelle. Ce sont d'immenses dallages soit en forme de croissant, soit circulaires, soit ovalaires, avec parfois un couloir menant à un petit tumulus. Les dimensions parfois considérables de ces monuments de pierres sèches, atteignant jusqu'à dix mètres de diamètre (25 à 30 mètres pour certains cercles de pierres de l'Aïr, du Kawar et du Djado), semblent indiquer qu'ils étaient destinés au repos des notables ; mais le plus grand nombre, bien plus petits et plus simples, n'étaient peut-être construits que pour soustraire le cadavre à la rapacité des fauves. Rarement pourvus de mobilier funéraire, on y a cependant trouvé quelquefois des perles et des tessons de poteries. Ce type de sépulture se poursuivra jusqu'à une période relativement récente, en principe jusqu'à l'arrivée de l'islam : c'est pourquoi on a nommé ces tumulus « monuments préislamiques » bien que l'on en connaisse quelques-uns de plus récents.

La contemporanéité de ces nécropoles et du style libyco-berbère semble attestée dans l'Aïr septentrional par l'exceptionnel gisement du Kori Iwelen. En effet, ce gisement regroupe habitat, nécropole à tumulus et gravures rupestres comportant des éléments permettant de considérer ce vaste gisement comme appartenant au même groupe humain. L'habitat est pourvu d'une riche céramique campanulée à décor cannelé festonné associée à quelques armatures de lances ou de javelots en cuivre et à de nombreuses meules et molettes. Les sépultures, de type tumulus à cratère, comportent un mobilier funéraire composé, entre autres objets, de meules et surtout de poteries identiques à celles qui ont été découvertes dans la zone d'habitat. Enfin, les gravures rupestres présentent des personnages stéréotypés à tête en forme de tulipe à trois pointes, surmontée d'antennes, et armés d'une lance ou d'un javelot dont l'armature est semblable à celles provenant de l'habitat.

Ce site est, dans l'état actuel des recherches, le seul qui atteste, au Sahara méridional, la contemporanéité de la métallurgie du cuivre, des tumulus et du style rupestre à chars et personnages à antennes. Il a été daté entre 2.965 et 2.100 ans avant nos jours (1.000 et 150 ans avant J.-C.).

La métallurgie du cuivre existe dans la région d'Agadez dès le second millénaire avant notre ère, comme en témoigne la datation de fourneaux à double ouverture et à scories à Afunfun (sud-est d'Agadez) et dans les vallées de Sekiret et Dikawatan (nord-ouest d'Agadez). Toujours à Afunfun, des fourneaux à base circulaire — donc différents de ceux mentionnés ci-dessus — datés entre 2.800 et 2.520 avant nos jours (800 et 500 avant J.-C.) sont associés à un habitat de plein air comportant un riche matériel en cuivre (armatures, alènes, fragments de tiges et de bracelets). A Azelik, à l'ouest d'Agadez, d'autres fourneaux utilisés pour la métallurgie du cuivre sont un peu plus récents que ceux d'Afunfun puisqu'ils se situent entre 2.490 et 2.040 avant nos jours (490 et 40 avant J.-C.). Le travail du cuivre est donc très ancien dans la région d'Agadez qui se place ainsi parmi les grands centres d'invention de cette métallurgie que sont la vallée du Nil et le Moyen-Orient.

Dans la même région, la métallurgie du fer est aussi ancienne que la seconde phase du cuivre ; ainsi

---

(3) Kori : oued en tamacheq (langue des Touaregs).

Gazelle sculptée de Tikoubaïne (Erg d'Admer, sud-ouest du Tassili n'Ajjer). D'une grâce et d'un charme incomparables, cette œuvre présente quelques détails touchants telle une larme à l'œil droit (bovidien ténéréen)

les gisements situés au sud de la falaise de Tiguidit sont datés entre 500 et 60 avant J.-C. Un peu plus à l'Est, un site de l'âge du fer découvert dans le petit massif de Termit a été daté de 678 avant J.-C.

La métallurgie du fer, remontant au VIIe siècle avant J.-C. au sud et à l'ouest du Ténéré, est donc plus ancienne qu'à Méroé, puisque dans ce royaume du haut Nil, la sidérurgie date « seulement » des VIe-Ve siècles avant J.-C. Ainsi l'Aïr et ses bordures sont à la fois l'un des plus anciens foyers d'invention de la céramique (X^e millénaire avant J.-C.), de la métallurgie du cuivre (début du Ier millénaire avant J.-C.) et de la sidérurgie (deuxième moitié du Ier millénaire avant J.-C.)...

Situés sur la grande voie du Sahara central, à mi-chemin entre le Fezzan et le lac Tchad, le Djado et le Kawar furent de tous temps un lieu de passage obligatoire reliant, avant même le début de l'Islam, la région du Soudan central au monde méditerranéen. En outre, la transversale reliant l'Aïr au Tibesti et au Borkou passe aussi par ce carrefour.

En 666 le conquérant du Maghreb, Uqba ben Nafi, est l'un des premiers Arabes à emprunter ce passage ; c'est dans cette région que l'islam fait ses premiers adeptes du continent noir et le IXe siècle voit le début d'un commerce important entre le Soudan central et le Fezzan. Ainsi Ya'Kubi écrit en 889 : « on rencontre la ville de Kuwwar (Kawar), habitée par une population musulmane très mélangée, en majorité berbère, qui vend des nègres ». Au

Outillage paléolithique et néolithique ▶
en haut à gauche et au centre : deux bifaces acheuléens (Ténéré) ; en haut à droite : hache taillée ténéréenne (Ténéré) ; en bas à gauche : hache à gorge ténéréenne (Ténéré) ; en bas au centre et à droite : 3 haches polies néolithiques (Ténéré)

début du XIe siècle, Arkù (1023-1067), roi animiste du Kanem (nord-est du lac Tchad), lié par sa mère aux Tomagras du Kawar, implante, d'après le Diwan Salatin Bornù, des colonies d'esclaves à Dirkou et à Seggedim (Kawar).

Après une première occupation éphémère, le royaume du Kanem, islamisé depuis la conversion de l'un de ses rois (Houmé) à la fin du XIe siècle, annexe le Kawar au début du XIIIe siècle, et c'est alors l'apogée de l'empire du Kanem. Mais au milieu du XIVe siècle, les luttes intestines, et surtout une coalition des Toubous et des Boulalas du sud du Kanem, mettent fin à cet empire, et les Kanembous réfugiés alors au Bornou fondent un nouveau royaume, le royaume du Bornou. Vers 1570, le roi bornouan Idris ben Ali ben Idris, surnommé Amsômi et aussi Alaoma (1564-1596), conduit une expédition à Fachi et au Kawar, vainc les chefs tomagras, reçoit la soumission des habitants du Djado, et après avoir reconquis le Kanem sur les Boulalas, recrée l'empire du Kanem-Bornou.

L'alun, qui est exploité par les habitants du Kawar dès le XIIe siècle, comme en témoigne le géographe arabe Al-Idrisi en 1154, fait alors, avec les esclaves, l'objet d'un commerce important avec l'Afrique du Nord et l'Egypte ; les caravanes rejoignant « Wargla » d'une part, et le Fezzan, puis l'Egypte d'autre part, passent obligatoirement par les oasis de Seggedim et de Djado, et les villes fortifiées de Djado, Djaba, Dabassa et Seggedim sont alors des villes étapes sur la piste caravanière. De ces régions du Nord sont ramenés des armes, des étoffes et des chevaux. En revanche, c'est avec les régions du Sud que se fait le commerce du sel et du natron.

D'après les Toubous et Kanuris du Kawar, ce sont les « Soo » qui seraient les bâtisseurs des villes fortifiées du Djado et du Kawar. Les « Soo » seraient des géants légendaires capables d'aller de Tedjéré (Fezzan) à Fachi en une étape et de manger une charge de chameau de dattes dans une journée. Djado, Djaba et Dabassa ont été édifiées sur des buttes rocheuses, et l'architecture de la plus importante de ces villes fortifiées (Djado) s'élève en gradins à 40 mètres au-dessus du sol. Une légende touareg raconte qu'un chameau, appartenant aux Touaregs de l'Aïr, s'étant égaré dans le Ténéré, serait revenu de l'Est la panse pleine de dattes ; une oasis mystérieuse appelée « Gewaz Tarlakat », gardée par des djinns farceurs, était alors née dans les esprits. Cette oasis n'était autre que Djado.

A partir du XVIIe siècle, les attaques successives des Touaregs affaiblissent l'empire, et dans la seconde moitié du XVIIIe siècle, le Djado, et surtout le Kawar, sont l'enjeu de luttes entre les Touaregs de l'Aïr et les Toubous du Tibesti dont les nombreux rezzous massacrent, pillent et détruisent souvent les villages. En 1826 le Major Denham rapporte, après avoir visité le Kawar au début de l'année 1824 : « Tous les ans et quelquefois plus souvent, les Touariks (Touaregs) y font une visite dévastatrice,

AGE	ERE	EPOQUE	EVENEMENTS
2.000.000 65.000.000	TERTIAIRE	Pliocène Miocène Eocène	Eruptions volcaniques dans l'Aïr, le Hoggar et le Tibesti
245.000.000	SECONDAIRE	Crétacé Jurassique Trias	Phase lacustre et palustre à dinosaures
590.000.000	PRIMAIRE	Permien Carbonifère Dévonien Silurien Ordovicien Cambrien	Transgressions marines
600.000.000	PRECAMBRIEN	Pharusien	Formation des chaînes panafricaines

emportant le bétail et tout ce qui leur tombe sous la main ». Ces Touaregs, sans être présents dans les oasis du Kawar, contrôlent la production et le prix du sel dont une partie du commerce transitera alors par l'Aïr, et Gerhard Rohlfs, séjournant au Kawar en 1866, rapporte : « Les Touaregs Keloui (de l'Aïr) ont réussi, grâce à leur supériorité numérique, à s'assujettir complètement les habitants du Kawar : ils ne leur permettent pas la culture de la terre, ni aucune autre activité lucrative, hormis le trafic des esclaves ; et, par là, ils les contraignent à l'exploitation des salines ». La mainmise des Touaregs sur la production du sel — mais aussi des dattes — du Kawar ne met pas fin au trafic caravanier direct avec le Bornou dont le Sultan est représenté, au Kawar, par les chefferies kanuries qui reconnaissent l'autorité du même chef religieux, le Khalife d'Istanbul ; les liens culturels et, par conséquent, commerciaux ne peuvent donc être rompus. Néanmoins, les rezzous des Arabes Ouled-Sliman du Fezzan freinent considérablement les trafics caravaniers, aussi bien vers l'Aïr que vers le Bornou. Ainsi l'explorateur allemand Gustav Nachtigal, après avoir transité par le Kawar en 1871, parle « d'attaques des Oulâd-Sliman » et signale que le village de Seggedim est abandonné comme il l'était déjà lors du passage de Heinrich Barth (autre explorateur allemand) en 1855. Mais, dès 1905, les colonisateurs français protégeront la caravane de l'Ouest, favorisant les relations commerciales entre le Kawar et l'Aïr.

Différentes légendes donnent leur version des origines de l'installation toubou au Kawar ; ainsi la tradition guezebida recueillie en 1984 par Denis Retaillé auprès du chef de village de Dirkou raconte : « Un berger aurait suivi les traces de sa chamelle égarée jusqu'à Aney. Reçu, nourri, hébergé dans la ville Kanuri, il observe et jauge les richesses du lieu avant de retourner au Tibesti. L'année suivante, c'est une armée Toubbou qui se présente ! La ville se rend après l'épuisement des réserves, le puits se trouve à l'extérieur de l'enceinte. Un mariage entre le chef des envahisseurs et la plus belle fille du lieu est conclu » puis des Toubous vont alors venir créer un nouveau village tout à côté de celui d'Aney, et la population actuelle d'Aney est un métissage de Toubous et de Kanuris.

Par contre, les habitants de Seggedim racontent que, venant du Tibesti, Yallahou fut le premier Toubou à s'installer à Seggedim après y avoir épousé une Kanuri. Or, au retour d'un voyage au Tibesti qu'il avait effectué en compagnie de sa femme Kaltoum et de son jeune fils Arsawodo, il trouve Seggedim dévastée et tous ses habitants massacrés ; il s'enfuit donc avec sa femme et son fils et va s'installer à Béza près de Bilma.

C'est seulement en 1937 qu'Arfeï Bogarmi, descendant de Yallahou de la sixième génération et père de l'actuel chef de village de Seggedim, s'installe avec sa communauté dans le village de ses ancêtres, recevant alors le titre de Sultan de Seggedim des autorités coloniales françaises.

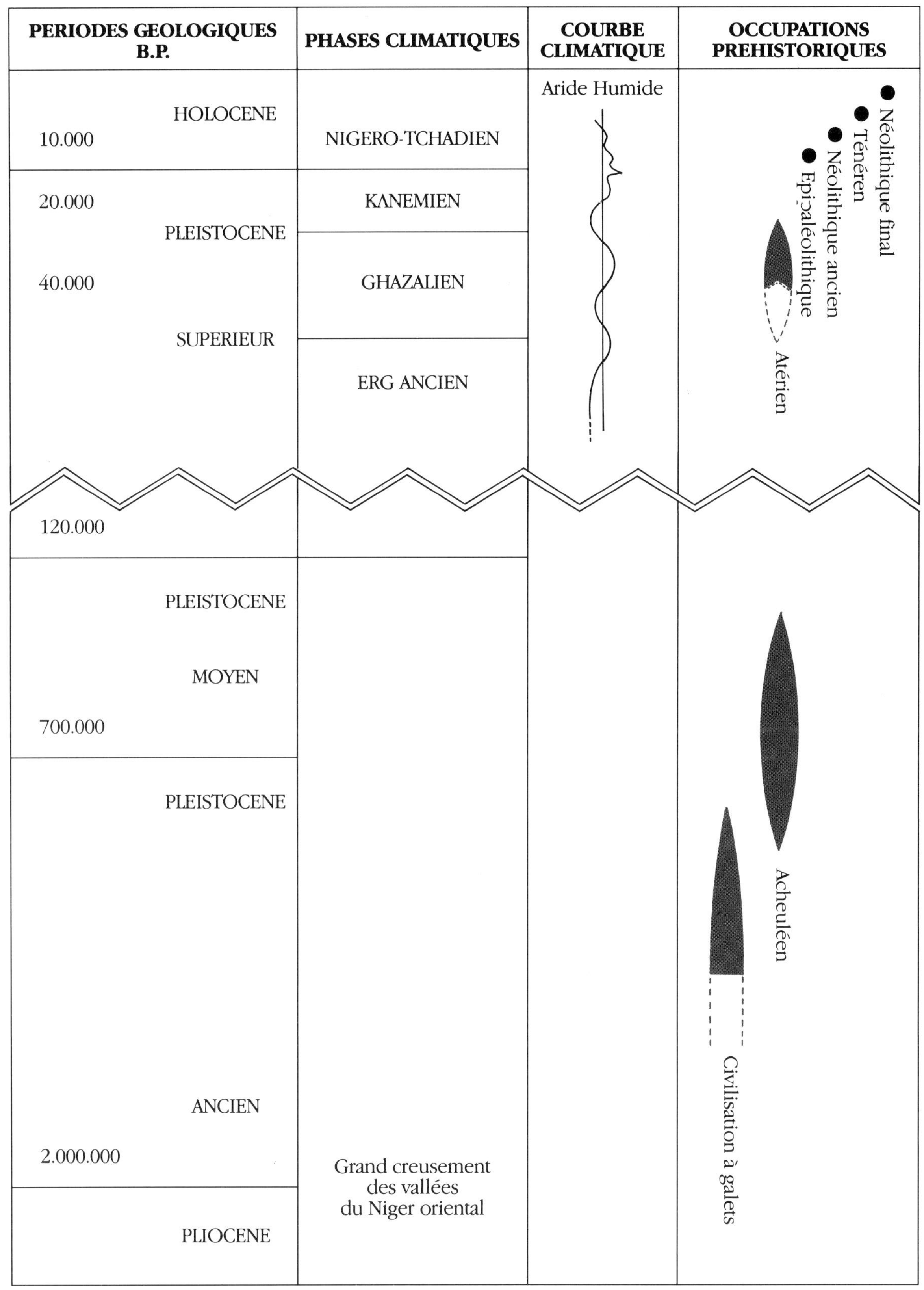

Ces deux gravures extraites du livre de Lyon font partie des plus anciens documents connus représentant des Touaregs (1821) extrait du livre « A narrative of travels in Northern Africa, London »

2

L'EXPLORATION DU TENERE

Henry-Jean Hugot

Le « Ténéré, désert dans le désert », est presque entièrement contenu dans le nord-est de la république du Niger, entre l'Anahefet et le Tassili n'Ajjer, à l'exception de la tête de l'oued Tafessasset, située quant à elle en Algérie.
A partir d'une ligne imaginaire reliant In-Azaoua à Er-Roui, le lit de cet oued fossile, unique vestige d'un fleuve énorme, disparaît peu à peu pour être remplacé par une zone d'épandage gigantesque, d'une horizontalité étonnante, sans végétation, sans eau, sans vie : le Ténéré.

Ce désert presque parfait est cerné à l'ouest, par le massif de l'Aïr, à l'est, les falaises du Kawar, et, au nord, le Tassili n'Ajjer. Au sud, le Ténéré se perd aux abords du lac Tchad. Cette situation suffit à elle seule à expliquer les difficultés rencontrées par les premiers voyageurs pour franchir un obstacle qui terrifiait les Touaregs eux-mêmes. C'est pourquoi les premiers explorateurs préférèrent passer par l'Aïr, ou encore beaucoup plus à l'est, le Kawar étant longtemps resté le théâtre de sanglantes rivalités entre les Toubous retranchés dans le Tibesti et les Touaregs venus surtout du nord. L'enjeu de cette rivalité était, bien entendu, la possession de riches palmeraies dont les véritables propriétaires se trouvaient être les Kanouris !

Avant d'aborder l'exploration proprement dite, on ne saurait passer plus longtemps sous silence l'action des militaires, dont beaucoup ont ouvert les pistes, dressé des cartes, pacifié des régions jusque-là livrées à la plus totale anarchie. Nous ne pourrons bien entendu les citer tous, mais rendons-leur justice. La colonisation est certes révolue, mais on ne peut continuer à dénier les mérites d'une œuvre qui a donné à tant de nations nouvelles les structures et les cadres indispensables à leur entrée dans le XXIe siècle. Lorsque cela nous semblera nécessaire, nous n'hésiterons pas à rendre aux militaires la place qui leur est due.

La véritable exploration du Ténéré est liée à deux nécessités : la recherche d'une voie commerciale transsaharienne unissant le Maghreb à l'Afrique noire, et la préparation de la Convention du 5 août 1890, qui devait confirmer le partage de l'Afrique entre les grandes nations européennes. Cependant la région Aïr-Ténéré-Kaouar resta longtemps encore difficile d'accès, du fait que, depuis l'Algérie, la piste principale va d'Alger à In-Salah, et, de là, se scinde en deux tracés : à l'ouest, vers Gao par In-Zize et T-In-Missao, à l'est vers Zinder par Tamanrasset, In-Azaoua, Iferouane et Agadès. Pour qui connaît les difficultés de pénétration du Hoggar, il est aisé de comprendre combien fut délicate l'utilisation de cette deuxième voie. Et à défaut de pouvoir l'emprunter, le voyageur se voyait contraint de suivre le bord du Niger jusqu'à Niamey et, de là, gagner Zinder, pour atteindre Agadès.

On perdrait beaucoup de temps à rechercher dans les textes écrits par des voyageurs, avant le XIXe siècle, ce qui se rapporte au Ténéré et à ses confins. Ibn Battûta par exemple, parti pour le Soudan en 1352, traversa, semble-t-il, l'Aïr. Mais l'archéologie n'apporte aucun document permettant d'identifier avec exactitude les localités qu'il avait visitées. Les historiographes sont cependant formels : Ibn Battûta est passé par l'est de l'Aïr et a fait escale à In Ezzane. En fait, pour se référer à des documents sérieux, il faut attendre 1849, date à laquelle Heinrich Barth commence sa longue traversée de l'Afrique.

Les grands explorateurs (1849-1900)

Barth, né à Hambourg en 1821, est voyageur par vocation, et c'est après avoir déjà visité l'Asie et le nord de l'Afrique qu'il entreprend son voyage vers le Tchad. Possédant de remarquables facultés émotionnelles, un véritable don de précision dans ses observations, une grande connaissance du milieu, il est également armé des solides qualités qui sont généralement l'attribut des grands voyageurs : courage, ténacité, probité. Aussi la publication des « Reisen und Entdeckungen in Nord und Central Africa in den Jahren 1849 bis 1855 » en 4 volumes, totalisant 77 pages de préambule, 2816 pages de texte, 118 figures, 46 planches en couleurs, 15 cartes (1), constitue-t-elle un événement et un modèle du genre. La première édition, parue à Gotha chez Julius Perthes, s'étend sur 1857 et 1858. La traduction française est de 1860. Elle s'intitule « Voyages et découvertes dans l'Afrique Septentrionale et Centrale pendant les années 1849 à 1855 », et sort chez Cherbuliez à Genève ainsi que chez A. Bohne à Paris, toujours en 4 volumes.

Barth quitte Tripoli, en Cyrénaïque, le 24 mars 1850. Il n'y reviendra que le 28 août 1855, après avoir parcouru 16.165 kilomètres ! Au départ, il est accompagné par l'Anglais James Richardson (1809-1851) dont on dit qu'il fut attaché à la société

(1) Le lecteur aura grand intérêt; pour compléter ses recherches sur l'exploration des régions concernées, à se munir de l'excellent « Essai de bibliographie du Sahara français et des régions avoisinantes » publié par le Commandant Blandi de Thé chez A.M.G., édit. à Paris, en 1960.

anglaise pour l'abolition de l'esclavage. S'est également joint à eux l'Allemand Adolph Overweg, voyageur et naturaliste, né comme Barth à Hambourg, en 1822. Overweg accompagna Barth jusqu'au Tchad avant de continuer seul son exploration du pays de Gober. Miné par les fièvres, il meurt à Kouka en 1852. Richardson ne reverra pas non plus son pays, puisqu'il meurt en 1851. On lui doit les « Voyages dans les grands déserts du Sahara en 1845 et 1846 » qui, édités en 1848, présentent un certain intérêt. Barth, resté seul, n'en continue pas moins à observer, noter, relever... ainsi qu'à constituer l'énorme somme de renseignements, d'une valeur encore inégalée, que représentent ses textes.

Le voyage de Barth suit deux itinéraires différents : à l'aller, il se dirige de Tripoli vers Mourzouk, puis bifurque sur Ghat avant de se rendre à Kano, via Agadès, où il arrive le 10 octobre, pour en repartir le 30 du même mois. Ce village, que Kaocène, âme de la révolte des Touaregs de l'Aïr, va porter sur le devant de la scène politique, n'est alors qu'un petit bourg en pisé dont l'avantage est d'être sis dans une région privilégiée. Toute la littérature militaire consacrée à l'Aïr et à ses abords immédiats sera d'ailleurs dominée par les actions d'éclat des Touaregs Oulliminden et de leur chef Fiolìouu, devenu leur Amenokal en 1902. Mais Barth n'a pas connu Kaocène, représentant officieux de la Senoussia dans l'Aïr.

On notera cependant que, dès 1853, Barth, qui a poussé très loin l'enquête historique et s'appuie sur de solides connaissances linguistiques, a noté mille détails sur la région qui nous intéresse. L'expédition Foureau-Lamy, au contraire de celle de Barth, va mobiliser en 1901 d'énormes moyens logistiques. Les drames suscités par l'imprévoyance et l'absence de préparation de tant de voyageurs ont servi de leçon à l'intrépide F. Foureau. Si des incidents sont à craindre, du moins ne relèveront-ils pas du manque de précautions !

On lit en filigrane dans l'organisation de ce voyage, le souvenir du massacre de la mission Flatters : aussi voit-on se former un énorme convoi (1), trop lourd en vérité, l'excès de poids n'étant pas forcément un avantage dans ce genre d'expédition.

Entre Sedrata et Iferouane, la mission perdra 356 chameaux, et Foureau écrira avec mélancolie, à la rubrique « arrivée à Iferouane » : « ... en arrivant ici, il nous reste exactement cinq cent quatre-vingt-cinq chameaux, tant valides que blessés, malades et incapables (2). » « La part du récit consacrée à l'Aïr comporte 405 pages et quelques illustrations. Le style en est concis, les détails nombreux, les observations intéressantes. On y devine les durs problèmes posés à Foureau par l'approvisionnement de son armada dans un pays hostile, en proie à des rivalités tribales incessantes qui étonnèrent profondément jusqu'aux voyageurs arabes. Et si au XIVe siècle, Ibn Khaldoun dresse un étonnant portrait moral des Touaregs (3), d'autres ne manqueront pas de souligner la profonde anarchie qui

Gravure extraite du livre de Lyon

rendait imprévisible la nature et l'exercice du pouvoir dans la confédération. René Caillé lui-même dira que les Touaregs généraient les calamités ! De son côté, Barth explore l'Aïr en scientifique. Il se montre historien, linguiste, géographe, en même temps qu'il demeure un brillant représentant du nationalisme allemand (4) et de ses visées africaines.

Foureau (4) voit les choses tout autrement. C'est un « colon » algérien, et si sa fierté de Français ne peut

(1) Il comportait 2 canons de 42, des caisses de mélinite, 213 tirailleurs algériens, 50 tirailleurs « sahariens », 13 spahis (tous armés de mousqueton 1892-1894), 20 guides chamba, 1000 chameaux, etc.

(2) Foureau (F) « D'Alger au Congo par le Tchad », Masson édit. Paris, 1902, p. 160.

(3) Duveyrier (H.) « Les Touaregs du nord. Expédition du Sahara ». Paris, Challamel édit., 1864. « Citons les vertus qui font honneur à l'homme, et qui étaient devenues, pour les Berbères, une seconde nature : bravoure, fidélité aux promesses, patience dans l'adversité, fermeté dans les afflictions, douceur de caractère, intelligence, éloignement de la vengeance, bonté pour les malheureux, respect des vieillards, hospitalité, charité, magnanimité, valeur déployée contre les empires qui les menaçaient, etc. »

(4) Si Lamy a pris une part importante à la mission à laquelle son nom est joint, il n'est cependant que le représentant de la « grande muette » chargé, comme tel, de la sécurité de l'immense convoi. C'était pourtant un homme de très grande valeur qui ira jusqu'au bout de sa conception du devoir puisqu'il sera tué au combat de Koussri le 22 avril 1900.

être prise en défaut, s'il parle l'arabe avec aisance, il est néanmoins trop au courant des problèmes de la pénétration commerciale française pour donner dans le détail historique. Dans le chapitre de 55 pages consacré à l'Aïr, « Documents scientifiques de la Mission saharienne — Mission Foureau-Lamy », Tome III, notre auteur donne l'impression que l'ethnographie locale est étudiée pour la première fois. Il ne cite presque personne, si ce n'est, une seule fois, Erwin Von Bary et Binger. L'explication en est donnée à la fin du troisième et dernier volume, dans l'« Aperçu commercial », suivi d'une conclusion très axée sur la géographie humaine. Foureau traverse donc l'Aïr, d'Iferouane (24 février-25 mai 1899) à Agadès (28 février-17 octobre), puis s'avance vers Zinder. On ne peut entrer ici dans le détail de cette grande aventure, un livre entier n'y suffirait pas ! Mais, pour conclure, il nous faut préciser que ses excès de précautions ont obligé Foureau à recourir à des solutions pesantes et souvent ruineuses, tant du fait de l'incroyable perte d'animaux que des destructions de matériel auxquelles ces pertes devaient inévitablement conduire, les Touaregs pratiquant la politique de la terre brûlée.

L'Autrichien O. Lenz, qui atteindra Tombouctou en 1880, n'a jamais vu l'Aïr, contraint qu'il fut de se diriger vers le Sénégal, alors qu'il venait du Maroc par Araouan. Mais nous tenons néanmoins à rendre hommage à ce courageux voyageur qui, scandalisé par les luttes mortelles et « les guerres perpétuelles » qui ravageaient ce malheureux pays, souhaita que paix et quiétude soient rendues à ces frères divisés par la tutelle d'un pays européen, peu importait lequel. En quelque sorte, l'O.N.U. avant la lettre !

Et cela, cinq ans avant la Convention de Berlin (1885), établissant que « toute annexion coloniale aura désormais pour base l'occupation effective du terrain ». Le fait est trop rare pour ne pas être signalé !

On comprendra aisément que l'exploration de la région qui nous intéresse se trouvait inscrite dans un ensemble politique cohérent : au nord, la soumission des turbulents Touaregs auxquels Flatters, Duveyrier et tant d'autres s'étaient heurtés, à l'ouest celle d'autres Touaregs, en particulier les Oulliminden qui interviennent directement dans les problèmes posés par l'avancée des troupes venues de la colonie du Sénégal. Le Colonel Archinard en 1890 fait du Soudan une colonie, tandis que le Niger est créé, sous l'étiquette « territoires militaires », le 13 mars 1900, par le Lieutenant Colonel Peroz. Mais les routes de l'Aïr et du Kaouar, qui doivent permettre, depuis l'Algérie, un accès direct au lac Tchad, ne seront pas faciles à ouvrir.

La mission Foureau-Lamy marque une profonde pénétration dans l'Aïr. Il n'est pas pour autant facile d'y circuler. En 1909, le Lieutenant Colonel Jean (5) publie une intéressante monographie en même temps qu'une quantité d'observations faites sur le terrain. C'est une bible pour ceux qu'intéresse l'histoire des Touaregs. Ainsi est-ce dans ce livre qu'on apprend que le géologue Chudeau, convoyé par les troupes d'In Salah, arriva en septembre 1905 à Iferouane.

Pendant les années 1914-1918, de nombreux postes militaires sont créés à travers le Soudan. L'arrivée massive des troupes coloniales provoque le soulèvement de nombreuses tribus touarègues dans l'Aïr. Le plus important sera dirigé par un Touareg du nom de Kaosen qui essayera en décembre 1916 de reprendre la ville d'Agadès. Ayant déclenché une véritable guerre sainte, il opposera une vive résistance aux troupes françaises jusqu'à sa mort (1919).

Cependant, durant cette période, une précieuse expérience technique va permettre de donner à l'exploration saharienne une nouvelle dimension : l'automobile. Le chemin de fer transsaharien occupe encore les esprits mais l'auto laisse présager de solutions intéressantes. Lucien Saint est de ceux qui l'ont tout de suite compris : il confia au Lieutenant Colonel Courtot une mission comprenant six voitures à chenilles Citroën. Parti le 7 janvier 1925 de Tunis, il arrive, le 22 février, à N'Guigmi, sur le lac Tchad, après un voyage de 46 jours dont le récit (6) est plein d'intérêt. Bien sûr, on ne manquera pas d'évoquer à ce sujet la fameuse « Croisière Noire » (7). Peut-être cet événement capital se situe-t-il trop près d'une guerre atroce (moins de quatre ans après l'armistice de novembre 1918), car les auteurs n'en parlent qu'à mots couverts. Il est vrai que le récit brode sur l'aspect technique de l'exploit et qu'on ne lui retrouve aucune des qualités qui firent le succès des Largeau, Duveyrier et autres Barth. Quant au récit précité de Montchamp, il présente également beaucoup d'intérêt. Le voyageur nous apprend que dès cette époque, de hardis explorateurs se lançaient à l'aventure. On lit, page 32 : « Ces indigènes nous apprennent que MM. de Précourt et Rossiou, l'un Français, l'autre Belge, qui ont quitté Gabès sur une Delage pour aller au Cap par Agadès et Zinder, sont partis depuis peu de Timelloulin. » Qui nous dira ce que sont devenus ces pionniers ? (8)

Il nous est dès lors impossible de suivre l'exploration, la pénétration du milieu répondant à des mobiles trop différents : scientifiques, militaires, politiques, économiques, voire religieux. A quoi il faut ajouter très vite le tourisme. En outre, les « têtes de pont » Alger-Gao Tunis-Tchad,..., n'ont en commun que la haute administration parisienne, ce qui conduira presque toujours à des situations ambiguës.

Quoi qu'il en soit, la mission Foureau-Lamy sera la seule du genre, parce que trop onéreuse, trop lourde à gérer. On lui doit cependant d'avoir marqué avec précision la route de l'Aïr et d'avoir décanté les aspects politiques de la présence française. La « Croisière Noire » et quelques autres équipées automobiles seront beaucoup plus rentables et échapperont davantage aux aléas d'une pacification difficile (9).

A partir de 1923, néanmoins, l'Anglais Francis Rodd, devenu Lord Rennel, va publier plusieurs études sur l'Aïr, dans lesquelles il fournit quelques renseignements inédits (10). Il s'agit de travaux purement anglais, n'ayant pas plus que ceux du courageux E. De Bary d'écho en France » (11). Il convient de souligner combien l'histoire de l'exploration a été victime de la suspicion plus ou moins légitime dont avait à souffrir tout étranger pénétrant dans le domaine extérieur français. Sans doute existait-il quelque bonne raison à cette attitude, cependant la mesure était trop systématique pour ne pas être, dans beaucoup de cas, exagérée et injuste. Les « bibliographies » sahariennes constituent une autre preuve de ce que la connaissance elle-même s'est vu imposer bien des « oublis volontaires ».

Mais c'est déjà trop en dire sur un sujet outrepassant le nôtre.

---

(5) Jean (C) « Les Touaregs du sud-est de l'Aïr. Leur rôle dans la politique saharienne ». E. Larose édit., Paris, 1909.

(6) Montchamp - « Du golfe des Syrtes au Golfe du Benin par le lac Tchad » cité Maison Fr. d'Editions et de Publics, Tunis, 1926. Montchamp qui devint gouverneur des colonies avait servi comme Lieutenant Colonel dans les troupes gaullistes : c'était un spécialiste. Le capitaine Duprez, figure saharienne devenue à juste titre légendaire, était alors chef de l'Annexe des Ajjer (Djanet). Il participa activement à la mission. On lui doit la première piste permettant à des véhicules de traverser le Tassili.

(7) Ce raid prestigieux se situe sans doute trop près de la guerre de 14-18 pour avoir eu les échos qu'il méritait. Sur le plan « pénétration » ce n'est qu'un maigre article qui attirait l'attention de tous sur la jonction enfin réalisée du Kawar avec l'Algérie. On lira à ce sujet : Gardel (Lt) ; - « La liaison avec Bilma », Bull. de la Soc. de Géogr., Alger, 1914, p. 21. De même, le chapitre « automobile » n'entre-t-il vraiment dans l'histoire qu'avec le travail de M. Jandau : « L'automobile coloniale et récits de raids automobiles sahariens » publié à Bordeaux (Imprimerie coopérative) en 1920. Quant au raid « Croisière noire », il fut relaté par ses auteurs dans plusieurs articles dont le premier vit le jour en 1922 : Audouin-Dubreuil. « La première traversée du Sahara en automobile ». Bull. de la Soc. de géogr., Alger, 1922, p. 330, et un livre intéressant : Haardt (G.M.) et Audouin-Dubreuil (L.) « La Croisière noire. Expédition Citroën center Afrique », Plon édit., Paris, 1927.

(8) Dès 1924, un auteur anonyme écrit déjà dans « Afrique Française », p. 645, « Un nouveau produit saharien : le record » ! Maladie dont le Sahara ne se guérira jamais ?

(9) Nicolas (F.) Tamesna. « Les Ioullemmeden de l'est ou Touaregs "Dinnik" », Imprimerie Nat., Paris, 1950. Cet auteur qui a vécu quatre ans dans l'ouest de l'Aïr, connaît bien Agadès, a donné, p. 106, un saisissant raccourci des erreurs et des conséquences d'une politique au jour le jour.

(10) Rodd (Francis Lord Rennel). « A journey in the Aïr », London geogr. journal. T. LXII, août 1923, 81-102. « People of the viel. Being an account of the habits, organisation and of the wandering Touareg tribes which inhabit the mountains of Aïr or Asben in the central Sahara », Mc Millan édit., 1926.

(11) Bary (Erwin von). « Le dernier rapport européen sur Ghât et les Touaregs de l'Aïr ». (Journal de voyage d'Erwin von Bary, 1876-1877, traduit et annoté par H. Schirmer) Paris, Fishbacher édit., 1898.

L'exploration scientifique

La lecture des journaux des années 1925 à 1940 montre bien que si les problèmes de la pacification reçoivent des solutions progressives, quoiqu'en aucun cas définitives, la pénétration des régions les plus fermées, quant à elle, se poursuit. A partir de 1929, il ne se passe plus grand-chose dans l'Aïr, rien dans le Ténéré, et de simples faits de police dans le Kawar, en dépit de l'influence soutenue de la Senoussyia qui, telle l'hydre de Lerne, retrouve toujours sa tête.

Apparaît alors un curieux personnage à la vaste culture, à l'intelligence aiguë et, de surcroît, totalement envoûté par le Sahara. Fils de Wilfrid Kilian, professeur de géologie à la Faculté des Sciences de Grenoble, Conrad fait ses premières armes dans le désert. Il en tirera un remarquable livre (12) et d'encore plus remarquables travaux. Dès 1922, arrivant au Hoggar, il bouleverse les connaissances acquises par ses prédécesseurs sur l'âge des schistes cristallins figurant dans la série que séparent les deux enceintes tassiliennes. C'est tellement surprenant que M. Kilian père lui-même s'en émeut, et charge le géologue J. Boucart de vérifier les incroyables « hypothèses » de son fils. Foin d'hypothèses ! Il s'agit bel et bien de certitudes (13) ! Dans cette mesure, on peut dire de Conrad Kilian qu'il est l'un des pères du pétrole saharien. Le personnage n'est d'ailleurs pas banal : outre sa vive intelligence, il est courageux, fier, volontiers téméraire. Cependant il est assez difficile de restituer sa véritable silhouette, du fait que le personnage a été livré à la voracité des média. Nous avons pu rencontrer plusieurs d'entre ceux qui tinrent comme un honneur de le servir et qui furent tous frappés par la noblesse de son attitude.

C'est ce même Kilian qui, passionné par le Sahara autant que par la géologie, va se lancer à travers le Ténéré, dans une région de sinistre réputation. Si l'on veut lire, écrit d'une plume alerte, le récit de cette incroyable aventure, il faut se reporter à H. Lhote (14). On trouvera dans ses ouvrages l'essentiel d'un voyage d'une rive à l'autre de ce qui est et demeure un désert dans le désert. Le lecteur découvrira dans ces pages l'origine du mot « méharée », dont Kilian fut le créateur. Et n'oublions pas que pour le premier trajet (1927),

Attaque d'une caravane arabe par les Touaregs. Peinture E. Dinet

---

(12) Kilian (C.). « Au Hoggar, Mission de 1922 ». Société d'Edit. Géogr. marit. et colon., Paris, 1925.

(13) Kilian (C.). « Essai de synthèse de la géologie du Sahara central telle qu'elle se présente à ce jour, avec les changements apportés aux connaissances antérieures par les observations faites au cours de notre mission de 1922 ». Congrès géol. internat., c.r. de la XIIIe session en Belgique, 1922. 2e fasc., Liège, 1924, 887-944.

(14) Lhote (H.). « L'épopée du Ténéré. L'Air du temps ». Gallimard édit., Paris 1961, 19-33.

Mer Noire
Mer Mediterranée
Tartarie
Perse
Etat du Mogol
Inde
Golfe Persique
Arabie
Arabie Deserte
Yemen ou Arabie Heureuse
Mer Rouge
Tropique du Cancer
Egypte
Barbarie
Etats du Roy de Maroc
Royaume de Tripoly
Le Gerid
Desert de Berdoa
Sara ou Désert de Barbarie
Les Berdoa et Levata
Royaume de Bournou
Royaume de Gaoga
Nigritie
Royaume de Tombut
Royaume de Courourfa
Royaume de Gorham
Guinée
Benin
Royaume de Mujac fort puissant
Royme de Biafara
Abissinie
Tigre
Dancali
Galles
Zanguebar
Etats du Roy de Gingiro nommé par quelques uns Gingir-bomba
Equateur ou Ligne Equinoctiale
Royaume du Macoco
Rme du Monoemugi
Congo
Loango
Cafrerie
Royme de Benguela
Etats du Monomotapa
Les Hottentots
Cap de Bonne Esperance
Cap des Aiguilles
Méridien de Paris
Tropique du Capricorne
I. Ste Helène
I. St Mathieu
I. d'Annobon
Isle St Thomas
Canal de Mozambique
Isle de Madagascar
Isles de l'Amirante
Les Maldives
Ile de Socotora
Isle de France
Isle Bourbon
Mer des Indes
Isles Tristan d'Acunha

d'In-Zaoua (confins algéro-nigériens) à In-Afellahlah (15) (base sud-ouest de l'erg d'Admer), il ne disposait que de cinq chameaux et deux hommes !

Le voyage de Kilian se termine bien, mais cela tient du miracle ! Au mois de mars 1929, Kilian repart : départ de T-i-n Taouardi, dans l'Anahef (Algérie), escale sur le puits d'Er-Roui, tout au nord du Kaouar, ainsi qu'à Orida, avant de gagner Djado (16), le « Mont Saint-Michel des Sables », comme fut baptisé le site par la mission Berliet. Cette fois, tout se passe bien et notre explorateur atteint son but sans difficulté. Ainsi que le dit Lhote, Kilian aurait pu rencontrer au Ténéré le Lieutenant Toubeau de Maisonneuve qui, du 1er janvier au 15 février 1928, se lança lui aussi à travers le Ténéré, à la recherche du tracé de l'oued Tafessasset (17). Mais avant d'en venir à cet intéressant chapitre, nous voudrions donner notre avis sur les invraisemblables rumeurs qui ternissent l'image de Conrad Kilian : sur ce sujet, on a beaucoup parlé, sans toutefois prouver grand-chose. Kilian était d'origine alsacienne. C'était un calviniste d'une droiture de caractère absolue, dont l'intelligence avait su s'éloigner de tout sectarisme, son amitié pour Teilhard de Chardin en étant une preuve suffisante. Sa devise était : « Avec vaillants, toujours Kilian ». Il participe aux derniers combats de la première guerre mondiale, en tant qu'engagé volontaire (à 17 ans !), et, ayant achevé sa géologie, rêve de retrouver l'origine des « Emeraudes des Garamantes », énigme qui passionnera plus tard une autre encyclopédie vivante du Sahara : Théodore Monod.

Kilian partit donc vers l'Algérie, bien décidé à pénétrer le Sahara. Ensuite, l'Histoire : à nouveau la guerre, sa résistance héroïque au Quesnoy, laquelle lui vaut les honneurs de la guerre de la part des Allemands... Mais, si les suites de la guerre sont connues, a-t-on vraiment porté attention aux événements de Libye ? N'avons-nous pas en effet été contraints de restituer à Tripoli les enclaves par nous annexées, du Fezzan ?

Lorsque Kilian termina sa traversée du Ténéré, il se rendit à Djado, sur la route naguère suivie par les marchands d'esclaves arabes, et, de là, gagna la frontière libyenne. C'est alors qu'il se retrouve, brusquement, devant Qhat, « une oasis peuplée de Touaregs si hostiles à tous que pas plus Paris que Rome n'ont osé la revendiquer ».

Monté sur un méhari blanc, suivi d'un indigène arborant au bout de sa lance le drapeau tricolore et la bannière personnelle de Kilian, celui-ci, qui n'ignore rien du danger pesant sur sa tête et sait bien que sa vie ne tient qu'à un fil, se présente devant une porte de l'agglomération, et déclare prendre possession de la région et de sa capitale au nom de la France. Médusés, les Touaregs s'approchent, l'entourent, lui parlent, l'écoutent, et se laissent convaincre jusqu'à reconnaître en lui leur suzerain (18) (19) ! Il s'en faut ensuite de peu que Laval ne restitue le territoire à l'Italie, mais la guerre met l'affaire en sourdine. Puis ce sont les marchandages, les pressions extérieures... qui conduisent finalement à rétrocéder le territoire Kilian à la Libye. Enfin survient le « suicide » de notre héros, vers la fin de l'année 1950. Tout cela ne pourrait être qu'étonnant si l'on ignorait que le but fermement poursuivi par notre géologue était de conserver une portion du Fezzan à la France, sous contrôle de l'O.N.U. au besoin. Il voulait en effet que notre pays ait accès au port de Brega (12 mètres de fond) et puisse faire évacuer le pétrole « dont le Sahara était gorgé ». Une étude scrupuleuse des documents et du « suicide », lequel a tout d'une mise en scène, laisse peu de doutes : Kilian était un gêneur, une mauvaise conscience pour la faune politique, un chevalier dans un monde de marchands. Il gênait, en dépit du fait que les futurs accords d'Evian étaient dès lors prévisibles. A la proposition de Jean Lartéguy, qui demandait aux pétroliers d'élever (sur leurs seuls bénéfices) une statue à Conrad, fit suite le silence et l'oubli du monde parlementaire. « Sic transit » !

Mais revenons-en au Lieutenant Toubeau de Maisonneuve, qui concrétise l'intérêt de tous pour le problème de l'oued Tafessasset. Toubeau sert sous les ordres du Capitaine Duprez, déjà évoqué précédemment. Releveur d'itinéraires accompagnés de points géodésiques, Toubeau se voit confier par Duprez la mission suivante : partir d'In-Afaleleh en suivant le lit de l'oued Tafessasset tant qu'il serait visible, c'est-à-dire peut-être jusqu'à In-Azaoua, et rejoindre les méharistes soudanais d'Agadès pour entrer avec eux à Iferouane. Retour prévu par In-Azaoua et In-Ezzan. Le voyage est dur mais sans histoire et réalisé en temps et heure. C'est une reconnaissance exemplaire, et si l'on nous permet un souvenir personnel, c'est également, pour nous, un rappel de notre passage à la « gara Touveau » (autrefois le « point 5 » de son itinéraire) et la découverte du lieu où cet officier avait campé. Une petite trace circulaire sur le sol ayant attiré notre attention, nous avons entrepris de vérifier ce qu'elle représentait : c'était le bord d'une boîte de singe de l'intendance militaire dont la partie sortant du sol avait été si bien arasée par le vent de sable qu'on l'aurait crue découpée au chalumeau. La partie inférieure était intacte, et c'était d'autant plus surprenant que le fond de la boîte indiquait, en lettres obtenues par pression, « intendance militaire Diego Suarez 1923 ». L'ancien coureur de pistes inconnues fut très ému lorsque nous lui fîmes part, en 1960, de cette émouvante découverte.

Concernant l'oued Tafessasset, il faudra attendre de disposer de la couverture aérienne, non pour en élucider le mystère, mais pour simplement constater qu'il se perd bel et bien vers le sud. Ce qui tendrait à confirmer l'hypothèse émise plus haut. Toubeau, lui, avait constaté l'importance des affluents qui, bien entendu, rejoignaient les uns après les autres le collecteur principal. Rendons enfin à César ce qui lui est dû : le lieutenant Toubeau fut le premier à se demander si, en définitive, le fameux oued ne se dirigeait pas vers le Tchad (20).

On a dit, au sujet du précédent raid, qu'il répondait à une préoccupation du Capitaine Duprez, dont le beau visage émacié révélait si bien la vive intelligence. Or, le chef de l'annexe des Ajjers savait très bien qu'il faudrait beaucoup plus que les observations de Toubeau et Kilian pour démêler la difficile énigme posée par l'oued vers lequel, depuis Djanet, sa pensée ne cessait de se reporter. Ce qui le conduisit à organiser un nouveau raid qui, bien sûr, partit du puits d'In-Afaleleh. De là, l'expédition chamelière mit le cap sur le puits de Kâtelet, en bordure du massif de l'Anahef et, toujours au cap, cette fois indiqué par la seule boussole, gagna le point extrême atteint par le Lieutenant Toubeau, là où le lit du fleuve fossile n'est plus observable. Enfin, l'expédition piqua sur l'oued Mariaou, au sud-est de Djanet (21). C'est le Lieutenant Crespin de Billy qui fut chargé de

(15) En réalité il s'agit d'In-Afaleleh dont on connaît plusieurs transcriptions. Afaleleh c'est la mandragore dont, en quelques points du Sahara, on peut admirer le magnifique feuillage.

(16) Barth (H.). op. cit., (1882). On aura intérêt à lire l'édition allemande. La traduction de P. Ithier est défectueuse. Par ailleurs, on notera que Barth était passé à In Afellahlah en 1850 avec O. Overweg et Richardson se dirigeant sur l'Anahef. En 1873 Erwin von Bary suivra le même chemin.

(17) Le tracé de l'oued Tafessasset a fait couler beaucoup d'encre mais probablement en pure perte. Ce drain puissant, témoin aujourd'hui mort d'un fleuve servant d'exutoire aux masses d'eau issues à la fois du Hoggar et du Tassili n'Ajjer, est observable sur l'origine de son cours puis disparaît dans le Ténéré, comme gommé. Rien ne prouve que la recherche de la partie invisible du cours ait un objet si l'on imagine que le Ténéré était une immense zone d'épandage formant la marge nord du « PaléoTchad ».

(18) Mousset (P.). « Ce Sahara qui voit le jour ». Presse de la Cité, Paris, 1959, 46-50.

(19) Voici, émanant probablement du dossier remis à P. Mousset par le contre-Amiral Kilian, frère de Conrad, l'extraordinaire communication faite par notre conquérant au gouvernement français. « Au nom du peuple français, de mon propre chef, à mes risques et périls, à mes frais, et avec une escorte armée à ma solde, en avril 1928, j'ai fait flotter symboliquement les couleurs françaises, en geste de prise de possession, entre Rhat et Toummo et je les ai laissées enterrées faisant occupation en un point démonstratif comme autre fait matériel à l'appui des droits de souveraineté entière que lors je donnai à la France. » Et ce texte aux yeux de la loi française était valable et donnait à Kilian le droit de prétendre au titre d'Ambassadeur.

(20) Toubeau de Maisonneuve (Lt). « Reconnaissance du Ténéré et de l'oued Tafessasset », Bull. Soc. Géogr. Alger, 1928, p. 59.

(21) La littérature scientifique saharienne ne comporte pas toujours le nom de ceux qui, militaires, étaient le plus souvent tenus à la loi du silence. C'est dans les archives des Territoires du Sud que se trouvent ces extraordinaires documents dont la publication honorerait la France. Mais que peut-on espérer dans ce domaine ? Nous avons, pour notre part, lu avec beaucoup d'émotion pas mal de ces « rapports de tournée » mais non celui du Lieutenant Crespin de Billy ni celui du Capitaine Bressot-Perrin qui en est la suite ! Nous avons donc emprunté l'essentiel de ces renseignements à Lhote (H.). « L'épopée du Ténéré ». Gallimard édit., 1961, p. 52-66. On doit à cet auteur une foule de renseignements qui, sans lui, eussent été oubliés ou perdus.

conduire cette exploration, du 11 février au 12 mars 1929. Mais si les observations du Lieutenant Crespin sont pleines d'intérêt, elles ne résolvent pas le problème de l'exutoire du puissant Tafessasset qui, à la latitude d'Orida, disparaît, se volatilise. Et Crespin note, constatant l'extraordinaire spectacle d'un désert absolu et sans accident de terrain sur les 360° d'horizon : « J'ai la même impression qu'en pleine mer calme du haut d'un bateau » !

Les projets de Duprez étaient marqués par sa solide propension à avoir de la suite dans les idées. On lui devra en fait une parfaite maîtrise de la géographie du cours supérieur du Tafessasset vers lequel, du 23 décembre 1929 au 19 janvier 1930, il va dépêcher le Capitaine Bressot-Perrin. Cette fois, il s'agit de traverser le Ténéré d'ouest en est, en partant du puits de Kâtelet et en piquant droit sur le pic d'Ahoh, sur la lisière est du Ténéré. De là, gagner In-Ezzan et rejoindre Djanet en remontant l'oued Mariaou. Le Capitaine Bressot-Perrin est accompagné par le Maréchal des Logis Carabin (22), avec lequel il formera une solide équipe. Le raid du Capitaine Bressot-Perrin est réduit au minimum d'effectifs. Nous nous souviendrons de la lourde mission Foureau-Lamy pour comprendre les avantages d'une équipe allégée. Seule l'eau ne peut être trop rationnée car, en région saharienne, et ce, de tout temps, une erreur de calcul par défaut peut provoquer une catastrophe. Nous avons, pour notre part, trop eu de preuves dramatiques de cette réalité pour ne pas être certains qu'il est préférable de sacrifier le confort matériel plutôt que les réserves d'eau. Bressot eut également la sagesse de s'entourer dans cette mission de neuf militaires (23) ayant déjà pénétré le Ténéré. Le peloton prend donc la route, accompagné de quatre chameaux chargés chacun de cent litres d'eau (24) et d'une réserve d'orge, pour le cas où il ne se trouverait aucun pâturage sur leur chemin.

Ceux à qui les discutables péripéties du Paris-Dakar ont fait oublier comment furent établis les premiers itinéraires souriront peut-être de la manière dont s'effectuaient les voyages. C'est au Maréchal des Logis Carabin que nous devons le précieux relevé topographique, lui qui surveille en permanence la tenue du cap, ce qui l'oblige à précéder, à pied, le convoi. Allure normale : cinq kilomètres à l'heure, quand les chameaux n'en couvrent que quatre dans le même temps ! Carabin s'arrête toutes les heures, fait installer trépied et planchette, et réalise les visées nécessaires au relevé topographique. 40 à 45 kilomètres sont ainsi effectués chaque jour, soit dix à douze heures dans la journée, presque toujours à pied !

Il nous est impossible de raconter — malgré notre désir — toutes les péripéties de ces premières explorations. La mort rôde, le plus souvent subite. Kilian a noté à ce sujet d'horribles détails : alors qu'il faisait route, après avoir quitté In-Azaoua, sur la piste traditionnelle de l'Aïr à l'Anahef, qui autrefois passait par l'ancien puits d'Assiou, il découvrit les cadavres d'esclaves noirs portant encore aux pieds les fers qui faisaient de leur marche un supplice. Kilian ajoute encore que l'un de ces malheureux était mort tenant dans ses bras une femme portant les mêmes fers que lui, comme si elle s'était blottie contre lui ! Or, il n'y a pas de Saharien ayant longtemps circulé dans le désert qui n'ait, un jour ou l'autre, rencontré les restes d'une des malheureuses victimes de la soif. Et que dire de ceux dont

(22) On a pris l'habitude de citer les « patrons ». Et certes, c'est normal, puisqu'ils assumaient seuls la responsabilité morale, mais il est injuste d'oublier tous les héros, les obscurs, les subalternes qui, tant et tant de fois, eurent de l'honneur et du devoir un sentiment si élevé qu'on s'étonne de les voir omis. Les Sahariens ne tombèrent jamais dans ce travers.

(23) Pour le lecteur non averti, précisons que jusqu'à Kilian, le Ténéré était non seulement redoutable mais terrifiant ; pour les autochtones, c'était le pays de la soif mais aussi celui des « djenoun », esprits malins capables du meilleur et du pire : une légende y plaçait pourtant une mystérieuse oasis répondant au nom de Djoua Tokalet connue des seuls Toubou, mais jamais personne n'en a retrouvé la trace ! Pierre Benoît le savait-il ?

(24) Dans les conditions très difficiles, l'eau était mise dans les « guerbas » traditionnelles (de 30 à 35 litres en moyenne) enveloppées ensuite dans une toile de jute, tant pour éviter un excès d'évaporation pendant les heures chaudes que pour parer aux accidents, pouvant résulter d'un choc, susceptibles d'endommager le récipient.

▲ *En haut : « Touareg en tenue de combat » dessin d'A. Courverchel en 1865. La tête de l'ennemi sur le flanc du chameau montre à quel point les Touaregs étaient craints*

Ci-dessus : campement touareg en 1850. Extrait de la documentation de Heinrich Barth

Première carte de l'Aïr ou Asben réalisée par Heinrich Barth ▶

Heinrich Barth (1821-1865) Explorateur et géographe allemand. Son exploration à travers le Sahara et le Sabel durera cinq ans. Parti de Tripoli sous le commandement d'un Anglais, Richardson, et d'un Allemand, Overweg, ses deux compagnons devaient mourir au début de leur voyage. Barth continuera, seul, en pays inconnu. A son retour, il écrira un ouvrage exceptionnel sur les régions traversées « Travel and Discoveries in north and central Africa »

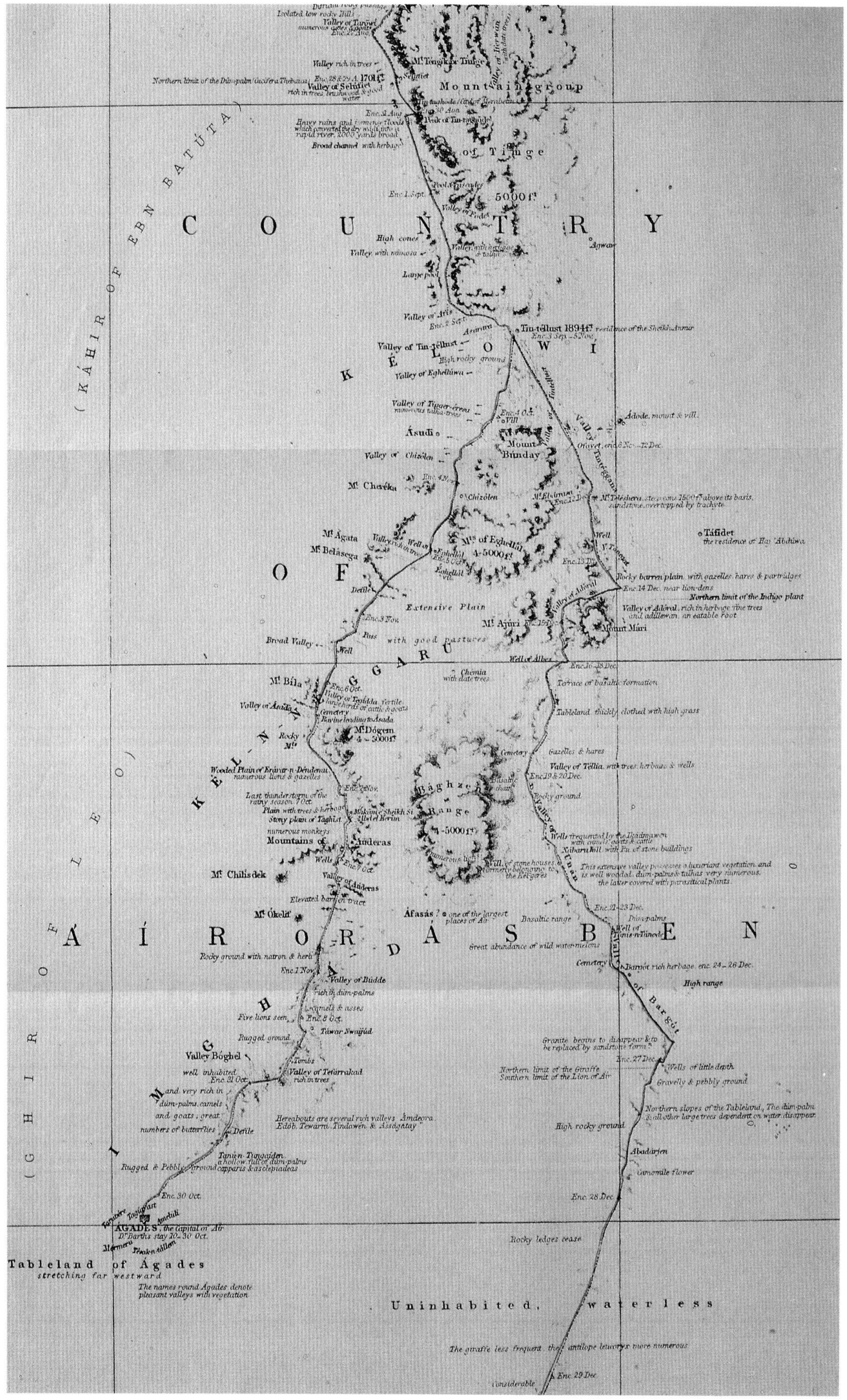

Kolokomi présentant le verre au docteur.

G. Nachtigal. Explorateur. Médecin du Dey de Tunis et ayant acquis une grande connaissance de la civilisation arabe, le roi de Prusse le chargea de présents pour le Cheik Omar, souverain du Soudan. Son voyage dura six ans de 1869 à 1875. Il explora le Tibesti et le lac Tchad. Son itinéraire l'obligea à traverser le Ténéré par le Kawar

Les troupes méharistes venues du Nord (Sahara algérien) se rencontrent avec les méharistes venus du Soudan. Une des premières liaisons Nord-Sud effectuée par les méharistes français

la mort découle de l'inconscience dont ils ont fait preuve ? Combien d'imprudents se sont précipités au-devant d'un si tragique destin ?

Le périple Bressot-Perrin s'acheva dans les meilleures conditions, si l'on excepte l'épreuve physique qu'il représentait. Certes, après 1930, il y aura encore bien des expéditions chamelières, le « dromadaire » étant connu pour passer là où l'automobile n'a pas accès. Mais, et nous l'avons pu entrevoir avec le raid Courtot, c'est désormais vers les moyens mécaniques, automobiles et avions, qu'il faut se tourner. En ce qui concerne l'automobile, c'est la mission Courtot Tunis-Tchad qui posa le problème de la meilleure voie à emprunter, d'Iferouane-Agadès ou de Djado-Bilma. Et c'est encore le Capitaine Duprez qui chercha et trouva la solution : la route du Kaouar était ouverte. Elle sera empruntée par le Commandant Carbillet, alors chargé du commandement militaire des oasis, bientôt suivi du Prince Sixte de Bourbon-Parme et des comtes de Béarn et Neubourg (25), se rendant au Tibesti.

En 1933, Georges Estienne et le Capitaine Wautier vont, les premiers, organiser une mission mixte avion-auto. On découvre alors que l'avion reste tributaire de l'automobile ! Le départ est donné le 7 mars 1933 à Tamanrasset. Autos et avions sont à In-Azaoua le 11 mars. L'enseigne de vaisseau Bréart qui, au dernier moment, a remplacé Q. Etienne, victime d'un empêchement, assure le relevé géodésique. Le récit de l'aventure, car c'en est une, dénote un manque de préparation préjudiciable à une odyssée particulièrement rude, mais le plus étonnant fut sans doute la découverte (chance inouïe pour la science) d'une erreur de trajet due au fait que la carte dont disposait Wauthier comportait une erreur de 26° en longitude. (26) (27)

Ici se place l'intéressante exploration de J. Petit Lagrange, qui rencontra C. Kilian alors que tous deux cherchaient à pénétrer le Sahara sans savoir trop qu'y faire ! Kilian avait dressé en pensée un relevé des altitudes successives rencontrées pendant le voyage transversal Aïr-Djado. Petit-Lagrange, à ses frais, comme l'avait souvent fait Kilian lui-même, entama donc une extraordinaire randonnée entre Nabaro, au nord-est d'Iferouane, et Chirfa, dans le Kaouar. Il atteignit son but en douze jours, après

(25) Bourbon (prince suite de). « La première exploration automobile du Tibesti Borkou et Mordja ». Renseignements coloniaux n° 10, 1932, 369-378. Le prince suite de Bourbon dans le Sahara Bull. du Muséum (2), t. 4, 1932, 465-471.

(26) Effectivement la situation de Bilma avait été relevée par l'Allemand Vogel en 1853 et n'a jamais été vérifiée depuis cette époque (cf : Vogel (E.). « Reise nach Zentral Afrika. Erster Abschmitt ». « Reise von Tripoli durch Tripolitanien, Fezzan, das Land Teda. ») Pet. Mitt., I, 1885.

(27) Wauthier (Magdeleine). « Connaissance des sables. Du Hoggar au Tchad à travers le Ténéré ». Préface de L. Audouin-Dubreuil. Plon édit., Paris, 1934. Wauthier (Cne). « Une reconnaissance au Ténéré ». Le monde col. illustré, n° 122, 1933. « Reconnaissance saharienne. Exploration du Ténéré ». Imp. Giauchain Alger, 1933.

A gauche : Touareg du Sud (Aïr et Sabel). Dessin de Jouve

A droite : Touareg du Nord (Hoggar - Tassili). Dessin de Jouve.

Gravure extraite du livre de Jules Verne. A la suite du voyage de Barth, la revue « Le tour du monde » publia son récit dans l'Aïr. Jules Verne s'inspira de cet article dans son livre « Cinq semaines en ballon » pour faire survoler ses héros au-dessus du pays des dangereuses tribus Kel Kailouas (Kel Owey) *Aïr*

avoir parcouru plus de 500 kilomètres ! Les apports de son voyage ne sont pas négligeables, puisque cette exploration permit de montrer, au moins relativement, que le Ténéré était affecté par une pente croissante et régulière en direction NNO-SSE. Constatation qui apportait de l'eau au moulin du Lieutenant Toubeau de Maisonneuve : dès lors, on pouvait en effet supposer que l'oued Tefassasset coulait bien vers le Tchad.

Le livre de H. Lhote, déjà cité, nous rappelle qu'il participa, en 1934, à la première liaison automobile Djanet-Agadès. Il accompagnait alors le Capitaine Qay et le Lieutenant Launey qui, à l'initiative du Colonel Carbillet et grâce à l'appui de Painlevé, alors ministre de la guerre, cherchaient à éviter l'isolement de Djanet, après la réoccupation de Ghat par les Italiens. Alors s'effectue le trajet Djanet-In Afaleleh, arbre du Ténéré, et enfin Agadès. Voyage encore une fois sans histoire mais non sans difficultés, dues pour l'essentiel à la précarité des véhicules militaires.

Lhote, arrivé en camion, repartit à dos de méhari pour Djanet. Il s'en fallut de très peu qu'il ne meure de soif. Parvenu à Djanet, il reprend la piste, le 7 janvier 1935, cette fois en compagnie du Lieutenant Florimond dont aucun vrai Saharien ne peut ignorer le nom, et qui repose aujourd'hui dans cette terre d'Afrique qu'il aima tant. Le peloton méhariste auquel est rattaché H. Lhote gagne d'abord Hassi, Tiririne, In-Azaoua, passe au fortin Foureau-Lamy, élevé par la mission en 1899, et touche In-Azaoua avant de foncer sur l'Adrar Bous, passant au Greboun, repassant au point 5 de Toobeao, pour enfin obliquer à nouveau vers In-Ezzan. Florimond, toujours suivi de H. Lhote, fonce alors sur Chirfa, dans le Kaouar, distant de 450 kilomètres, qu'ils atteignent en dépit de terribles et dangereux vents de sable ! De là, Lhote, accompagné cette fois du Capitaine Arnould, repart à travers le Ténéré, en direction de Nabaro (site à l'est de l'Aïr). C'est alors Achégour, l'Adrar Madet, puis, enfin, le puissant massif de l'Aïr (qu'on appelle également Asbeu, les géographes ayant conservé l'ambiguïté en le mentionnant encore sous le titre « F Aïr ou Asbeu », ce que les profanes traduisent aussitôt par Aïr ou Asbeu). Arnould mourut quelques jours plus tard dans un accident d'avion, à Agadès.

C'est en 1935 qu'un balisage, encore visible par endroits de nos jours (28), fut établi par le Lieutenant de l'armée de l'air Schneider. Les balises, espacées de 25 km, étaient utilisables à la fois par les automobilistes et les aviateurs, qui à cette époque naviguaient à vue.

Certes, il s'en faut de beaucoup que nous ayons cité ne serait-ce que ceux qui méritaient de l'être. Une si prodigieuse exploration méritait bien les hommes hors du commun qui la menèrent. Beaucoup d'entre eux ont payé de leur vie leur témérité.

Il nous paraît important de citer également le beau voyage de Louis Carl et Joseph Petit qui, par In-Ezzane, Djado, Seguedine, se dirigèrent vers le Tibesti, d'où ils devaient rapporter un livre étonnant (29). Nous avons bien connu J. Petit, un ancien des batailleurs de choc, qui avait fait la campagne de France et d'Extrême-Orient. Sa gentillesse n'avait d'égale que sa modestie. De fait, il n'y a guère de vrais Sahariens ayant séjourné dans le désert que nous n'ayons rencontrés. Mais les rangs des anciens se clairsèment inexorablement. Citons également pour mémoire Soleillet qui, ayant séjourné dans le Sahara, en rapporta des récits si fabuleux qu'ils inspirèrent Daudet, lequel en tira son fameux « Tartarin de Tarascon ».

La deuxième guerre mondiale devait vulgariser l'emploi des véhicules automobiles. N'avaient-ils pas pris une part glorieuse au retour de la France sur le théâtre des opérations ? Dès lors, les grandes expéditions chamelières sont définitivement terminées. La France, néanmoins, fait de grands efforts pour donner au Sahara une infrastructure administrative digne des richesses que le XIXe congrès géologique international (Alger 1952) révèle au

Les méharistes français furent, eux aussi, de grands explorateurs. Parcourant le pays en tout sens, leur rôle n'était pas seulement de garder des postes mais aussi de mettre en place un système pouvant protéger et aider les populations. Plus que des militaires, ils furent des géographes, des médecins et des conseillers. Ici le Capitaine Brenans et son goum en partance pour le puits d'In-Afaleleh en bordure du Ténéré

(28) Nous l'avons suivi à plusieurs reprises. L'excès des « balises » plantées aux fins les plus vulgaires complique les itinéraires. De plus il est dangereux mais aucune législation connue n'en règle l'installation.

(29) Carl (L.J. et Petit) (J.). « La ville de Sel. Du Hoggar au Tibesti », Julliard édit., Paris, 1954.

monde. Mais l'O.C.R.S. (30) consacrera le partage du Sahara selon des frontières qui n'ont guère de sens et ne brillent pas par leur inspiration politique. C'est ainsi que le Ténéré se trouva coupé en deux, une partie en Algérie, l'autre au Niger.

Pourtant, en dépit des nombreux raids automobiles tentés après la guerre, raids dont la liste serait fastidieuse autant qu'inutile, il restait à démontrer que l'abandon définitif du projet de chemin de fer transsaharien pouvait être compensé par l'existence d'une voie commerciale. Celle-ci permettrait à des camions de série de relier Alger au Tchad, en utilisant au nord le pétrole brut dont le Sahara devenait un gros producteur, et au sud l'huile de palme qui n'a jamais fait défaut. L'enjeu était de taille, car il s'agissait de désenclaver le Tchad et, indirectement, le Niger, en leur offrant non plus d'évacuer leurs produits par les ports du golfe de Guinée, mais par Alger. Une grande firme française se proposa de tenter l'aventure et c'est ainsi que naquirent les missions Berliet-Tchad. Ceux qui, comme nous, ont vécu ces voyages extraordinaires n'ont jamais oublié ce qu'était un camion Berliet, fameuses « gazelles », modèle de solidité, résultat d'un goût tenace pour la perfection. Beaucoup ne se sont jamais consolés de les avoir vus disparaître dans le gouffre étatique. Mais ceci est une autre histoire.

Paul Berliet et son frère Maurice furent les moteurs cérébraux de ce raid. Un atout maître de la firme était d'avoir livré aux troupes sahariennes en particulier des véhicules nettement plus performants que l'ordinaire, des camions adaptés à l'environnement.

Les militaires en général étant et aimant particulièrement, les gens sérieux, les fameux voyages furent donc organisés avec des militaires. Et contrairement à la grande tradition, des places furent offertes à des scientifiques ! Un premier raid eut lieu en 1959-1960, et un second à la fin de l'année 1960. Chacun d'entre eux, à un moment ou à un autre, emprunta des itinéraires mal connus ou encore totalement inconnus. Nous n'entrerons pas dans le détail de ces missions qui, sur le plan humain, firent l'objet de trop d'articles de presse. Notons tout de même que deux ouvrages leur furent consacrés : l'un de H. Lhote, en fait une relation partielle (nous avons déjà cité ce livre concernant le Ténéré dans notre exposé), l'autre récit par notre ami R. Frison-Roche (31), qu'on lira avec grand plaisir.

Les « documents scientifiques » des missions Berliet Ténéré-Tchad se présentent sous la forme d'une série d'articles regroupés par nos soins et publiés dans un important volume par « Arts et Métiers graphiques » (Paris 1962).

Les événements qui conduisirent au traité d'Evian ne parvinrent pas à donner à cette magnifique initiative la suite qu'elle méritait. Mais sur bien des plans elle apporta une foule de connaissances nouvelles, ainsi qu'une expérience irremplaçable du terrain. Certes, le Ténéré reste le Ténéré, même à l'heure actuelle où tant de véhicules font de « l'anti-exploration » et se contentent de détruire sans rien apporter. Pour notre part, nous avons, lors de nos explorations, procédé à une

Poterie ténéréenne (Guelb Berliet, Ténéré). Collection des missions Berliet Ténéré - Tchad

étude de magnétisme du plus grand intérêt, ainsi qu'à des relevés topographiques précieux, précisé des détails géographiques qui eussent rempli de joie C. Kilian, accumulé les découvertes en matière de préhistoire, constitué un herbier, identifié des oiseaux, accompli des observations hydrologiques...

Scientifiquement, le Ténéré pouvait s'ouvrir au monde, grâce à la dernière exploration saharienne digne de ce nom (32).

---

(30) Organisation Commune des Régions Sahariennes.

(31) Frison-Roche (R.). « Mission Ténéré », Arthaud écrit., Paris, 1960.

(32) Nous ne saurions assez conseiller à ceux qu'intéresse la région concernée par cette étude de se reporter à la bibliographie in fine des documents scientifiques.

Missions « Berliet-Ténéré-Tchad » (1959-1960)
Au cours de ces deux grandes expéditions successives, les scientifiques de la mission ramèneront une moisson de documents

Dunes de Tin-Merzouga - Tadrart

3

TADRART, voyage aux portes du Ténéré

Aude Schloesing

Au détour d'un méandre du canyon d'In Djaren, la voiture s'arrête net, enveloppée d'un nuage de poussière blanche. Là, au fond du cirque rocheux tapissé de dunes roses et ponctué de quelques arbres, incroyablement verts dans ce décor minéral, un troupeau d'une douzaine de chameaux s'égaille lentement, regardant d'un air dédaigneux les « trouble-fête » que nous sommes.

Mais d'où viennent-ils donc ces chameaux ? Car aucun Touareg n'habite ici depuis déjà plus de cinq ans... Les Kel Tadrart, entrevus dans la région en 1983, les ont laissés « au pâturage » lorsqu'ils sont repartis en Libye. Le « pâturage », il n'y en a guère, mais les animaux sont libres et ont tout leur temps pour le chercher, de canyon en canyon.

Est-il bien vrai qu'avant-hier encore nous parcourions les immensités plates et quasi océaniques du Ténéré ? Ici, le contraste est total, tant en ce qui concerne le relief que les couleurs. Et la végétation, rare mais présente, fait les délices de la gent cameline.

La Tadrart, petit massif gréseux situé au sud-est du Tassili N'Ajjer, n'est qu'à une centaine de kilomètres, à vol d'oiseau, du nord-est du Ténéré. C'est un véritable labyrinthe de canyons entrecroisés, où l'on ne pénètre que par deux ou trois entrées, à l'ouest, et qui n'a pratiquement pas de sortie, du moins en véhicule, à l'est ; car ce lacis de gorges profondes et colorées par toutes les nuances de gris et d'ocre débouche sur les dunes, magnifiques mais pratiquement infranchissables, de l'Erg Tin Merzouga.

Au sortir du Ténéré, vers le nord, on remonte le cours fictif de l'oued Tafassasset, immense plaine de sable et de gravillons où coulait jadis, il y a déjà quelques millénaires, un gigantesque fleuve qui recevait les eaux du Hoggar et du Tassili, et qui alimentait la mer intérieure de ce qui est aujourd'hui le Ténéré.

Rappelons qu'au Sahara, les échelles d'espace et de temps, telles que les perçoit le voyageur, sont décuplées par rapport aux nôtres. Les distances sont à l'échelle du continent africain, et la durée, du moins celle du changement, n'a rien à voir avec celle de nos sociétés, accélérée par la communication de masse. C'est pourquoi on aurait tendance à dire « le temps n'existe pas ».

A l'ouest de cette plaine du Tafassasset, c'est-à-dire au nord des montagnes de l'Aïr, on trouve le Tassili du Hoggar, entourant une sorte de « jardin zen » qui s'étend sur des centaines de kilomètres carrés. A l'est, c'est la barrière du Tassili N'Ajjer, long plateau gréseux (environ 600 kilomètres de long, pour 50 à 100 kilomètres de large) dont la falaise s'élève à 600 mètres, en moyenne, au-dessus de la plaine.

Ces deux formations géologiques font partie de la ceinture externe des Tassilis (Tassili = plateau désertique et caillouteux, en tamachek) qui entourent le massif cristallin de l'Atakor, au cœur du Hoggar, et qui se sont formés à l'ère primaire. A la fin du tertiaire et au début du quaternaire, en conséquence du plissement alpin, ils ont été fracturés et fissurés de toute part par une activité volcanique intense, celle précisément qui a modelé le relief actuel du Hoggar, de l'Aïr et du Tibesti.

C'est pourquoi les Tassilis se présentent tantôt comme d'immenses plateaux de cailloux noirs, tantôt comme un morcellement en une multitude de tours escarpées, de pics, de dents ou de champignons de grès, si usé par l'érosion qu'il semble recouvert d'une écorce du genre peau d'éléphant.

L'action conjuguée de l'eau et du vent a parachevé le modelage de ce décor presque totalement minéral en le ponctuant de multiples dunes qui se sont formées dans tous les interstices, s'appuyant sur les reliefs existants ou s'amoncelant dans les cuvettes.

C'est ce type de décor, irréel et pourtant singulièrement présent, austère par ses formes minérales abruptes ou finement ciselées par l'érosion, mais adouci et magnifié par l'arrondi des dunes et la variété de leurs couleurs, que nous traversons dans la Tadrart.

C'est d'abord le canyon, immense et tortueux. Le fond est recouvert d'une épaisse couche de glaise blanche et sèche, craquelée en plaques recourbées, qui se décompose au passage des véhicules en un nuage de poussière tenace. Elle n'est pas totalement lisse cependant : par endroits, elle laisse pousser quelques touffes, sèches, et à d'autres endroits, elle est couverte de « roses de Jéricho ». Au cas où l'oued coule — une fois tous les cinq à dix ans —, elle se transforme en une boue limoneuse qui ne permet même plus le passage des chameaux.

Les falaises latérales, couvertes d'une patine noire et brillante, sont sculptées par l'érosion depuis des millénaires — elles font penser parfois à la façade des temples hindous — et surmontées de clochetons ou de petites arches. A certains endroits, on dirait qu'un groupe de personnages pétrifiés vous observe, du haut de la falaise.

D'autres canyons apparaissent, qui sont des affluents de l'oued, et le cours de toutes ces gorges est tellement sinueux que l'on a rapidement l'impression de se trouver au milieu d'un dédale sans fin de méandres aux reliefs toujours renouvelés.

Tous ces canyons entremêlés étaient jadis — et sont encore, très rarement, à l'occasion d'orages violents — le déversoir de l'eau qui sautait de marmites en cascades profondément creusées dans la roche, depuis le plateau sommital situé 300 mètres plus haut.

Si l'on escalade ces fonds de gorge en suivant le trajet ancien de l'eau, on découvre des formes magnifiques creusées par le bouillonnement : entonnoirs, marmites de géant, cascades en forme de gouge, lisses et brillantes, parfois surplombées d'arches gigantesques, faisant apparaître toutes les couleurs de la roche, du noir profond à l'ocre rouge, en passant par toutes les nuances de gris violacé, de lie-de-vin et de brun-rose.

Le sommet du plateau, recouvert de cailloux noirs, n'est plus aujourd'hui habité que par quelques mouflons, mais il a peut-être servi d'habitat, au moins temporaire, sur un chemin de transhumance nomade, à en croire l'accumulation de débris de silex près de petits abris rocheux, au bord des canyons.

Car cette région a été très fréquentée, sinon habitée, aux temps préhistoriques, comme en témoignent les gravures et les peintures rupestres disséminées le long des canyons, beaucoup moins nombreuses et concentrées qu'au Tassili N'Ajjer, mais très belles.

Contrairement à leurs voisines du Tassili N'Ajjer, de la Tefedest ou du Hoggar, les peintures, comme les gravures, sont très accessibles, puisque situées dans des abris sous roche au niveau des oueds eux-mêmes, et non sur le plateau.

Les gravures couvrent pratiquement toute la période préhistorique concernée, puisqu'on recense des éléphants par dizaines (certaines composi-

La Tadrart, à l'extrême nord du Ténéré, fait partie de l'ensemble du Tassili n'Ajjer. Rocher en forme de hérisson due à l'érosion éolienne

tions très réalistes), un rhinocéros, quelques félidés, de nombreuses girafes, des autruches, des bœufs (domestiques ??) de facture très originale, et même quelques chevaux.

Les rares représentations humaines, dans ces gravures, sont toujours associées aux grands animaux (éléphants, girafes). Ces hommes n'ont pas du tout une attitude de chasse ni de domination, mais ont plutôt l'air en situation inférieure par rapport aux animaux. Le faciès de ces personnages est négroïde.

En deux endroits, sur des dalles horizontales et non verticales, sont gravées des empreintes, fort bien dessinées, du pied de nombreux animaux (félidés, équidés, bovidés) et quelques empreintes humaines.

Les peintures datent presque toutes de la période bovidienne, à part deux ou trois sites de la période caballine et une représentation de chameau.

Les bœufs sont parfois isolés, parfois en troupeau, avec une définition de robe très variée, des cornes en lyre ou tombantes. On trouve aussi quelques groupes de chèvres et un troupeau de moutons. Peu de girafes peintes, mais l'une des représentations, une girafe couchée, est merveilleusement belle. Quelques antilopes complètent la faune.

Pour la période bovidienne, également très peu de représentations humaines (surtout si l'on compare avec les sites proches du Tassili et de l'Akakous), essentiellement des bergers, de type soudanien. Cependant, les civilisations se sont succédé, puisque, dans l'un des sites, on voit très nettement trois types humains différents par la morphologie, à des niveaux différents de l'abri.

Les représentations humaines de la période du cheval sont plus nombreuses proportionnellement, et sont, comme d'habitude, très schématiques, artistiquement parlant.

Le recensement et le relevé scientifique de toutes ces gravures et peintures rupestres n'a pas été effectué encore, faute de moyens. La visite touristique n'est autorisée qu'avec l'agrément du Parc National du Tassili, qui est censé contrôler une réserve à la fois culturelle et écologique, vaste comme la France, classée « Patrimoine de l'Humanité » par l'U.N.E.S.C.O.

Ce contrôle est évidemment dérisoire, eu égard à l'immensité de la zone concernée ; il a cependant le mérite d'essayer de responsabiliser les voyageurs qui fréquentent ces contrées désertiques, tant en ce qui concerne la sauvegarde et la protection des sites rupestres et préhistoriques en général, qu'en ce qui concerne la conservation de l'équilibre écologique précaire de ces régions.

On a du mal à imaginer de grands troupeaux de bœufs, et encore moins des éléphants, déambulant dans les canyons comme le font les chameaux actuellement. En revanche, à la sortie du labyrinthe des gorges, en bordure de l'Erg Tin Merzouga, on

Tadrart. Quelques plantes s'accrochent à la vie sur un sol dépourvu d'eau (zilla spinosa)

Dunes de Tin-Merzouga - Tadrart ▶

peut supposer que les vastes cuvettes étaient autrefois des lacs ou des mares autour desquels des hommes vivaient. Ils se nourrissaient probablement de la cueillette des graminées sauvages, de la pêche et de la chasse, comme en témoignent les meules, les haches et les pointes de flèche en pierre taillée et polie, les poteries et les morceaux d'« os de

d'une bande dessinée de science-fiction.

Les reliefs de grès, ciselés parfois jusqu'à la dentelle par l'érosion, font penser, de loin, à des personnages de Giacometti, à des couples avec chapeaux, à des temples grecs dont le dôme surplombe des colonnades torsadées. Bref, l'imagination s'enflamme, et le regard s'extasie...

plus hautes dunes du Sahara ont une dénivelée de 300 mètres au maximum. Mais à l'expérience, on s'aperçoit qu'il est difficile et fatigant d'escalader une dune massive — celle, par exemple, qui fait partie d'un erg bordé par du relief, ou qui est « assise » sur des reliefs préexistants (c'est-à-dire que le sable s'est accumulé autour, puis au-dessus, d'un

seiche » que l'on peut découvrir au pied de certaines dunes.

C'est vers ces dunes, parmi les plus belles du Sahara par la diversité de leurs formes et de leurs couleurs, que nous nous dirigeons pour le bivouac du soir.

Au sortir des canyons, la masse gréseuse se disloque en une multitude de tours, d'arches immenses, de châteaux et de pitons sculptés, envahis par les sables de l'erg tout proche. On a la sensation de déambuler dans une sorte d'immense jardin minéral, retourné à l'état sauvage et peuplé de formes sorties tout droit d'un « space opera » ou

Plus à l'est, le sable a tout recouvert, et les dunes forment comme une barrière, haute d'environ 150 mètres, qui se détache — nue — sur le ciel bleu foncé. Quand on se rapproche, ce n'est plus une barrière, mais une succession de formes arrondies qui s'étagent sur plusieurs niveaux et dont les cifs se découpent harmonieusement.

Par d'étonnants phénomènes optiques, le sable paraît changer de couleur : de loin, tout est rose ; plus on se rapproche, plus la dune apparaît beige doré.

Grimper en haut d'une dune semble facile à première vue : la pente n'est jamais verticale, et les

monticule rocheux qui lui assure une stabilité permanente).

Si l'on a la chance d'aborder la dune par son côté « au vent », l'ascension est relativement facilitée, et la sensation comparable à celle de la marche sur la neige damée. Si on l'aborde par le côté « sous le vent », l'ascension est comparable à une montée raide dans la neige poudreuse, le pied s'enfonce et ne sort qu'avec difficulté car le sable est sensiblement plus lourd que la neige... Dans les endroits les plus pentus, la meilleure solution est alors de grimper « à quatre pattes » : on répartit le poids du corps, et on s'essouffle moins.

Mais au sommet, quelle récompense ! Les formes, les couleurs, la pureté des lignes de crêtes, tout est magnifique. Les dunes ont ceci de particulier que leur forme est à la fois douce et agressive, arrondie et pointue.

Quand il n'y en a qu'une, on l'admire surtout pour la pureté de ses lignes. Mais quand on est juché au sommet d'une haute dune, entouré de dizaines d'autres aux formes plus magnifiques les unes que les autres, le sentiment de ravissement est décuplé. On reste là, béat d'admiration devant ce spectacle fascinant par son architecture complexe, sa beauté prodigieuse et sa pureté.

Peu avant le coucher du soleil, tout s'embrase : les dunes changent insensiblement de couleur, de l'or au rose pâle, puis au rouge flamboyant, déclinant ensuite vers le brun, ou, pour les plus éloignées, vers une sorte de violet-mauve.

Et puis la boule rouge du soleil disparaît très rapidement à l'horizon de la Tadrart, et il faut redescendre, vite car la nuit tombe, vers le bivouac et la lumière du feu, l'esprit encore tout émerveillé.

Quiconque n'a pas vécu l'expérience d'un bivouac saharien ne peut comprendre l'impression de bien-être, de sécurité et de plénitude qu'on y ressent.

Tout est bonheur : le coucher de soleil qui embrase les dunes, les étoiles qui d'abord apparaissent une à une, puis par centaines et par milliers, le feu qui crépite avec, délicatement posées en équilibre sur les braises, la marmite et la théière qui bouillonnent, le cercle des quelques humains entourant le feu, au milieu du désordre (pourtant subtilement ordonné) des bagages, le va-et-vient d'une petite souris qui vient réclamer sa part de nourriture, le crissement du sable sous les pas ou le léger bruissement d'une herbe sèche dans le vent, la volupté de s'étendre bien au chaud dans ses couvertures ou son sac de couchage, au creux de la dune...

Chaque minuscule événement, même très ordinaire, apparaît comme la manifestation d'un grand ordre naturel, qui vous dépasse mais dont vous faites partie, comme un grain de sable dans le désert...

▲ ◀ *Paysages de la Tadrart*

4

LES TOUAREGS DE L'AIR

Edmond Bernus

◀ *Touaregs sur leur méhari. Plaine du Talak. Versant ouest de l'Aïr*

« La bravoure des Touaregs est proverbiale... La défense de leurs hôtes et de leurs clients est encore la vertu par excellence des Touaregs, et, si elle n'était pas érigée chez eux à l'état de religion, le commerce à travers les déserts du Sahara serait impossible... La fidélité aux promesses, aux traités, est poussée si loin chez les Touaregs, qu'il est difficile d'obtenir d'eux des engagements et dangereux d'en prendre, parce que, s'ils se font scrupule de manquer à leur parole, ils exigent l'accomplissement rigoureux des promesses qui leur sont faites... Cependant, au fond, il faut que les nobles soient bons envers leurs serfs et leurs esclaves, pour que ceux-ci ne se révoltent pas, ne les abandonnent pas... Quant à la haine de l'oppression, elle est encore aussi vivace chez eux... car c'est leur amour de l'indépendance qui les a conduits et les maintient au désert... J'ajouterai encore que le mensonge, le vol domestique et l'abus de confiance sont inconnus des Touaregs. » Tel est le portrait que fait des Touaregs Henri Duveyrier après son exploration en 1859 du nord du Sahara.

A l'autre extrémité du Sahara, sur les bords du Niger et à Tombouctou, Félix Dubois découvre un peu plus tard, à la fin du siècle, un peuple apparemment très différent. « La rareté de l'eau et l'épuisement rapide des maigres pâturages les mirent en marche perpétuelle. Avec cette mobilité extrême, et l'agglomération leur étant interdite dans un pareil pays, toute organisation politique ou sociale devint impossible, s'effaça, disparut. Ils perdirent la notion de l'Autorité et de la Loi... Chacun fut livré à ses instincts. La seule loi reconnue fut la loi du plus fort. La vie nomade les mena au vagabondage, au pillage et au brigandage. Le vol devint leur industrie nationale concurremment avec l'élevage. Ils prirent l'habitude d'augmenter le maigre ordinaire de leurs troupeaux en rançonnant et en dépouillant complètement les autres. Voyageurs, commerçants, voisins, devinrent leur proie. Quand les étrangers manquaient, ils se volaient et se tuaient entre eux, car nul lien n'unissait leurs tribus, divisées au contraire par des haines acerbes et persistantes... Pillards et meurtriers quand leur nombre le permet, ils sont des mendiants obséquieux, s'ils se sentent plus faibles, et restent sans foi ni parole toujours... C'est la nuit surtout que leur vient le courage, pendant le sommeil de leurs adversaires ou victimes. La ruse est leur principale arme de combat, encore qu'ils ne marchent jamais sans une lance au poing, une épée au côté et un poignard attaché au bras gauche. Aussi les populations soudanaises leur ont-elles donné trois surnoms qui résument fort justement toute la psychologie des Touaregs : les *Voleurs*, les *Hyènes*, les *Abandonnés de Dieu.* »

Ces deux voyageurs français, appartenant à une même culture, porteurs des mêmes valeurs, donnent des descriptions si opposées, si antinomiques, qu'on peut se demander s'ils ont vu le même peuple. Sinon, des visions aussi peu nuancées l'une que l'autre, dans le positif comme dans le négatif, ne correspondraient-elles pas à une différence fondamentale entre Touaregs du Nord et Touaregs du Sud ? Ou alors s'agit-il de deux personnages aux caractères opposés, l'optimiste qui voit le monde en rose et le bilieux, l'hypocondriaque, le maniaco-dépressif ? Ou enfin l'un ne serait-il pas le porte-parole des Touaregs alors que l'autre serait celui des paysans soudaniens qui ont subi domination et contrainte ? En réalité, les Touaregs n'ont « mérité ni cet excès d'honneur ni cette indignité » comme dit le poète.

Peu de peuples ont donné lieu à tant de jugements, à tant de stéréotypes qui les figent dans une pose particulière, sous un éclairage volontairement choisi. Pourquoi ne pas examiner les clichés les plus connus pour comprendre leurs raisons et leur sens caché ?

« Les chevaliers du désert »

Chevauchant les siècles, passant des gravures de l'histoire aux galeries d'une exposition coloniale, sortant de notre mémoire collective médiévale pour se réincarner dans le monde présent, les Touaregs ont frappé l'imagination et suscité souvent ce rapprochement qui téléscope le temps et l'espace. Leurs armes ont justifié cette comparaison et les premières gravures représentant des Touaregs en portent témoignage : la fameuse épée (*takouba*) pour le combat rapproché, la lance-javelot pour l'attaque à distance et le bouclier pour la défense de près comme de loin constituent une panoplie qui, encore une fois, rappelle notre Moyen Age.

Ces armes sont fabriquées par des artisans (*inadan*) qui travaillent le métal, le bois et le cuir. Ces forgerons, comme on les appelle souvent, bien que le travail de la forge ne représente qu'une de leurs activités, font partie de la société touarègue, mais constituent un groupe à part, lié aux suzerains. Sans ces spécialistes capables de fabriquer, mais aussi d'entretenir leur matériel, qu'il soit guerrier, pastoral ou domestique, ces « chevaliers » n'auraient pu se montrer aussi dangereux pour leurs adversaires : les militaires français, lors de la conquête coloniale, en firent la dure expérience.

Ces artisans ont su donner à tout ce matériel une marque originale qui témoigne de l'unité de cette civilisation sur un vaste territoire qui va de Djanet à Madaoua et de Tombouctou à Agadez. Certains caractères du matériel touareg ont donné lieu à des interprétations audacieuses, bien souvent sans fondement, mais qui s'inscrivent dans ce mythe du chevalier. Un motif en croix décore plusieurs objets : elle figure dans le manche de grandes louches en bois, dans le manche d'un poignard fixé au bras gauche du guerrier par un anneau de cuir, ou encore dans le pommeau de la fameuse selle de chameau : à partir de là, certains auteurs n'ont pas hésité à retrouver là des traces du christianisme, de croisés, etc.

L'épée, vue de l'extérieur, semble faite sur un modèle unique : même poignée ronde, même fourreau en cuir coloré avec deux anneaux d'attache en cuivre et extrémité corsetée d'un renfort métallique. Si l'on retire la lame, on trouve des différences notables : certaines sont faites dans un acier de récupération, par exemple une lame de ressort d'un véhicule abandonné. D'autres, au contraire, sont des lames anciennes, venues d'Europe depuis le seizième siècle : leur acier est souple et résistant et les spécialistes peuvent y trouver la trace de leur origine grâce à des inscriptions, des dessins allégoriques ou des marques telles que « globes crucifères », « loup de Passau », lion héraldique, lune ou croissant ; on peut ainsi savoir si elles viennent de Solingen, Vienne, Tolède ou Padoue. Les plus célèbres portent un nom et se sont transmises de génération en génération, et le Dictionnaire des noms propres du Père de Foucauld comprend une rubrique intitulée « Noms propres d'animaux, d'astres et d'épées ». Dans son grand Dictionnaire en quatre volumes, véritable encyclopédie, le Père de Foucauld, encore lui, décrit six différents types d'épées avec leurs noms, leurs qualités, parfois leur origine, et il conclut sa longue notice : « un petit nombre d'épées remarquables ont reçu de leurs propriétaires des noms propres, comme l'épée de Roland reçut le nom de Durendal, telles sont une épée appelée *Taferfara* et une autre appelée *Tamrart*, qui sont depuis plusieurs générations dans la famille des Imenan, une épée appelée *Zengerha* qui est depuis plusieurs générations dans une famille des Kel-Rela ». Cette référence à Durendal, comment ne pas l'avoir à l'esprit ? Cette épée, que Roland tient de Charlemagne et que, vaincu, il essaie en vain de briser sur un roc, la célèbre Chanson de Roland est là pour nous la rappeler : « Roland frappe sur la roche dure : l'acier grince, mais ne se brise ni ne s'ébrèche. Quand le comte voit qu'il ne peut pas briser son épée, il se met à la plaindre en se parlant à lui-même : « Ah ! Durendal, comme tu es claire et blanche, comme tu reluis et flamboies au soleil !... Pour cette épée je souffre et je me tourmente ; j'aime mieux mourir que de l'abandonner aux païens. »

Jeune femme touarègue coiffée de l'alesho, pièce de coton teintée d'indigo

Le bouclier, aujourd'hui disparu contrairement à l'épée, fait dans la peau de l'antilope *oryx* mâle, figure dans les vitrines des musées, mais aussi sur les premières photographies ou gravures : il constitue l'arme défensive qui permet de parer aux jets des lances ou aux coups des épées : il complète la panoplie et conforte ce rapprochement. Dans un poème, intitulé « Préparatifs de guerre », un Touareg se présente avant le combat :

« il (mon méhari) porte, suspendu à la selle, mon bouclier ;

j'ai une épée, je tiens un javelot. » (Foucauld, t. II, 185).

En deux vers, l'armement du guerrier nous est présenté.

De nombreux récits des militaires français, venus conquérir l'Afrique de l'Ouest, nous décrivent des combats où les Touaregs ont manifesté un courage incroyable, presque insensé. En 1900 dans le sud de l'actuel Niger, à Zanguébé, les Kel Geres se lancent l'épée à la main, le bouclier de l'autre, contre le feu roulant du peloton de Gouraud. Un an plus tard, à Galma (près de Madaoua), les cavaliers Kel Geres chargent à l'arme blanche et sont décimés par le tir des fusils. Au cours d'autres combats, les guerriers s'attachent par la ceinture pour ne pas reculer devant un ennemi supérieur en armes.

Des armes sorties du musée de Cluny, un courage qui stupéfie les militaires français, un honneur qui préfère la mort à la fuite, sont autant d'observations qui plaident pour ce rapprochement qui défie le temps. Les officiers trouvent en face d'eux des hommes avec qui ils semblent partager certaines valeurs, mais qui sont restés, pensent-ils, au Moyen Age des livres scolaires de leur adolescence.

« Les hommes bleus »

Les Touaregs sont ainsi nommés, en raison du voile de tête dont le bleu à l'indigo déteint sur leur visage. Ce terme fait référence à cette pièce de leur vêtement, particulièrement remarquable, qui fait partie de leur civilisation et même de leur culture, si l'on en juge par le rôle qu'il joue dans leur comportement face aux différents membres de la société. Mais il faut savoir que si le port du « voile de front et de bouche » de toute nature est obligatoire pour les hommes, celui teint à l'indigo n'en est qu'une version, coûteuse, et particulièrement appréciée.

Le Père de Foucauld, dans son célèbre Dictionnaire (t. III, 1329), dit, en effet, que « le voile de front et de bouche et le pantalon sont les vêtements distinctifs de l'homme ; il serait déshonorant pour un homme de ne pas porter de voile de front et de bouche, comme il serait déshonorant pour lui de ne pas porter de pantalon... ; « ôter son pantalon, jeter son pantalon », etc. sont des expressions qui signifient au figuré « être déshonoré, se déshonorer » ; « faire ôter son voile de front et de bouche ; faire ôter son pantalon, etc. » signifient au figuré « déshonorer ». »

Certains Touaregs portent sur l'alesho (turban d'indigo) des amulettes d'argent contenant des talismans (tchérowt)

Le voile de tête à l'indigo est une pièce de tissu de 1,50 à 4 mètres de long et de 0,25 à 0,50 mètre de large. Il s'enroule autour de la tête selon des règles précises, qui varient d'ailleurs de l'Ahaggar à l'Aïr ou l'Adrar des Ifoghas. Il porte un nom spécial (*alesho*) et provient du Nigeria, du village de Koura, proche de Kano, célèbre par ses teinturiers. Même les Kel Ahaggar, pourtant éloignés de près de 1.500 kilomètres, se procuraient là ces voiles bleus, si recherchés et si célèbres, que le nom de ce village est cité à plusieurs reprises dans les poésies recueillies par le Père de Foucauld. Ces tissus indigo étaient aussi utilisés pour faire des tuniques de femmes :

« Les manches qu'elle retrousse sont d'étoffe indigo de Kôra,
Son corps, bien en chair, est revêtu d'étoffes de Kano. »

dit le poète (t. II, 273).

Mais c'est surtout le voile de tête, fait des bandes assemblées de tissu indigo, qui luit à l'état neuf comme du papier carbone, qui a déterminé cette appellation. Ce voile aujourd'hui n'est pas abandonné et les hommes dépensent des sommes considérables pour s'en procurer, avant les fêtes, avant les parades de la « cure salée » estivale. Ce nom, « Hommes bleus », inconnu des Touaregs, fait surtout le bonheur des agences de voyages, à l'affût des clichés qui attirent la clientèle.

« Les hommes de nulle part »

Cette appellation accrédite l'idée que des nomades comme les Touaregs ne possèdent aucun territoire propre : un jour ici, un jour là, ils vivent dans le désert en perpétuel mouvement. Cette idée tire son origine d'un vocabulaire imprécis et d'une dérive sémantique entre des termes comme nomade, errant, vagabond ; nomadisme et errance ont tendance à se recouvrir sur un fond de sable chaud entre de rares points d'eau.

La réputation de guides, des nomades en général et des Touaregs en particulier, justifiée par leur connaissance du pays, mais plus peut-être encore par leur sens de l'orientation que l'on a tendance à leur accorder comme un don inné, appuie cette appellation. « Hommes de nulle part », puisqu'ils savent toujours se situer et se retrouver dans les régions désertiques où aucune marque apparente n'est visible : « hommes de nulle part », c'est-à-dire hommes de partout ou plutôt hommes de tous les Sahara.

Au cours des guerres de conquête, au début du siècle, puis lors de la grande révolte qui embrasa tout le monde touareg en 1916 et 1917, les militaires français durent affronter des adversaires non seulement courageux, on l'a vu, mais aussi souvent insaisissables : la parfaite maîtrise de leur terrain rendait les Touaregs à la fois présents et invisibles grâce à des attaques surprises et des replis rapides. Ils furent cependant rapidement vaincus lors de batailles ouvertes qu'ils acceptèrent en méconnaissant la puissance de feu des troupes françaises et souvent en se croyant invulnérables aux balles grâce à la protection d'amulettes. C'est cette mobilité tactique en période de guerre qui leur valut cette réputation.

Cette appellation d'« hommes de nulle part » fait aussi référence, ne l'oublions pas, au mépris des Touaregs, comme de tous les nomades, pour les frontières. Leur pays a été divisé entre des Etats différents et les parcours habituels de beaucoup d'entre eux ont été coupés par de nouvelles limites politiques. C'est ainsi que les Touaregs de l'Ahaggar vivent en grande partie au Niger et que les Touaregs maliens et nigériens (Iwellemmeden respectivement de l'Ouest et de l'Est) sont des « cousins » pour qui la frontière qui les sépare ne signifie pas grand chose. De plus, les grandes sécheresses récentes ont provoqué des migrations inter-états : Maliens au Niger, Maliens et Nigériens en Algérie entre autres.

Cette appellation, enfin, jette sur les Touaregs un halo de mystère qui n'est pas sans attrait pour des touristes avides de sensations et d'exotisme.

« Pilleurs de caravanes »

Les premiers explorateurs vivaient sous la menace d'attaques imprévisibles. Etrangers dans un pays inconnu, porteurs de marchandises de valeur et d'armes, on comprend qu'ils aient suscité bien des convoitises et on peut à juste titre s'étonner que, au XIXe siècle, les missions des Allemands Barth et Von Bary puis des Français Foureau-Lamy et Cortier aient pu se poursuivre sans que leurs caravanes ne soient pillées et détruites. Cette crainte justifiée est exprimée par Foureau dans son Journal, le 5 mars 1899 : « une fois de plus il convient donc de répéter que chez les Touareg, quels qu'ils soient, il ne faut jamais avoir la moindre confiance ; que nos amis d'aujourd'hui seront nos assassins de demain ; qu'il est de toute nécessité de ne pas marcher isolé, et de se garder scrupuleusement. » (p. 185).

Il est vrai que les Touaregs sont des guerriers et les « rezzous » font partie de leurs traditions. Ces coups de main armés sont destinés à saisir dans un village les récoltes et bien souvent aussi les hommes, ou dans les campements les esclaves et les troupeaux : ces rezzous provoquent des contre-rezzous pour reprendre ce qui a été enlevé. La mobilité, le nomadisme et aussi le commerce caravanier qui expose des marchandises de prix sur les routes du désert, constituent des conditions favorables à ces rezzous. Des nomades montés peuvent s'approcher en silence de campements isolés, mal protégés, de caravanes lourdement chargées et profiter de l'effet de surprise : ces tentes éparpillées dont les hommes sont absents, ces caravanes aux itinéraires fixes, fournissent des cibles privilégiées. Mais les agresseurs d'un jour seront bien souvent les victimes du lendemain.

Cette succession de clichés, non exhaustive, a permis de discerner l'origine de quelques-uns d'entre eux et de comprendre dans quelles conditions ils ont pris corps. Ces stéréotypes, cependant, ne nous éclairent guère sur la nature profonde des Touaregs, pas plus que des photographies faites par un reporter soucieux de donner des images « typiques » qui correspondent à son attente. En définitive, qui sont les Touaregs ?

Comment se nomment les Touaregs ?

L'identité d'un peuple se définit d'abord par le nom qu'il se donne lui-même. Les Touaregs ne connaissent pas le terme par lequel tout le monde aujourd'hui les appelle et qui est entré dans le domaine public. Jamais ils ne se désignent comme Touaregs : c'est pourquoi, faut-il le rappeler, dire *targui, targuia*, etc., correspond à une fausse érudition. Le terme de touareg est devenu français et il faut le traiter comme tel, c'est-à-dire avec les règles de la grammaire française. A l'origine, il était utilisé par les Arabes et en Algérie il fut adopté par les militaires français.

Les Touaregs eux-mêmes se désignent comme *Kel Tamasheq*, ou *Kel Tamajaq*, selon le dialecte particulier utilisé, c'est-à-dire ceux qui parlent touareg : c'est la langue qui constitue le premier dénominateur commun. Ils s'appellent aussi parfois *Kel Tiggelmoust*, c'est-à-dire « ceux du voile de tête », avec encore une fois un trait culturel caractéristique comme terme de référence collectif. Autrement dit, les Touaregs se reconnaissent comme un peuple parlant un même langage et possédant des règles communes de conduite.

Ces appellations montrent à l'évidence que les Touaregs ne se définissent pas comme une race, notion, on le sait, aussi détestable par son contenu idéologique que contestable sur le plan scientifique, ni par la pigmentation de leur peau, mais par une appartenance à une communauté possédant un code dont chacun connaît la clef. Les Touaregs sont venus du Nord, parfois de l'Ouest, et dans l'Aïr les groupes les plus nombreux prétendent être originaires de Cyrénaïque : ces arrivées successives ont provoqué des alliances entre les derniers venus et ceux qui les avaient précédés et sans doute également avec les premiers occupants de la région qui n'étaient pas touaregs.

Les dénominateurs communs

La langue constitue donc le premier dénominateur commun. Or cette langue touarègue appartient au vaste domaine berbère qui va du Maroc à l'Algérie, la Tunisie, la Libye et même, on le sait moins, à l'Egypte où l'oasis de Siwa constitue son ultime jalon à l'Est. Chleuh du Maroc, kabyle d'Algérie ou tamajaq constituent différents parlers de la langue berbère qui est enseignée à l'INALCO, ex-Ecole des Langues Orientales à Paris, autour d'une chaire unique. Cette civilisation berbère a pris conscience de son originalité et aussi de sa fragilité en raison de sa dispersion, de sa faiblesse en face de l'arabe qui gagne en tant que langue écrite liée à une religion en progression constante : de très nombreuses publications, souvent dirigées par des Berbères, et en majorité par des Kabyles si nombreux en France, ont vu le jour ces dernières

Femmes touarègues chargeant leurs ânes. Campement en déplacement dans l'oued Zagado. Tribu des Kel Tadele - Aïr

années. Seuls de tous les berbérophones, les Touaregs possèdent une écriture, qui est connue de tous, hommes, femmes, enfants : ses caractères *tifinagh*, dérivés de l'ancien alphabet libyque, se retrouvent dans de très anciennes inscriptions rupestres qui souvent accompagnent d'admirables gravures représentant toute une faune sauvage disparue, mais aussi dans les graffiti actuels d'un berger ou d'un voyageur de passage ; cette écriture permet aujourd'hui d'envoyer des messages sur papier grâce aux crayons à bille partout répandus.

Les Touaregs possèdent aussi une organisation politique originale que l'on retrouve d'un bout à l'autre de leur pays. Chaque ensemble, que l'on appelle parfois « confédération », est commandé par un *amenokal*, chef suprême, toujours choisi dans une des tribus « nobles » : son pouvoir est matérialisé par un tambour de guerre (*ettebel*) qui suit tous ses déplacements. Chaque confédération comprenait, en proportion variable selon les cas, des tribus appartenant aux diverses strates de la hiérarchie sociale. Des tribus « nobles », en général en petit nombre — des tribus religieuses dont les membres sont religieux à titre collectif et qu'on appelle *ineslemen*, c'est-à-dire « ceux de l'Islam » — les vassales, en position de dépendance par rapport aux suzerains auxquels elles payaient tribut — les artisans, les affranchis et les serviteurs, anciens esclaves restés dans le campement de leurs maîtres. La population d'origine servile, le plus souvent à la peau noire, est de plus en plus nombreuse vers le Sud et en zone agro-pastorale où elle peut atteindre 80 % de l'ensemble des Touaregs.

Ce qui a été traduit en français par « noble » correspond aux groupes possédant le pouvoir politique et qui le préservent en s'intermariant au sein d'un réseau de proches parents bien délimité. Dans le vocabulaire administratif hérité de la colonisation, on parle de « tribus », terme qui correspond en zone nomade au village ; ce terme désigne le plus souvent un groupe social portant un même nom et dont les membres se reconnaissent un ancêtre commun.

Savoir rester à sa place

Dans cette société stratifiée, le comportement des « nobles » n'est pas celui des religieux et encore moins celui des artisans ou des serviteurs. Chacun agit selon son niveau social, son sexe ou son âge. Pour maintenir la cohésion et la spécificité de l'ensemble du corps social, il faut savoir rester à la place qui est la sienne sous peine d'exclusion.

Certains comportements sont communs à toute la société. Un exemple : il est impossible à un Touareg de prononcer le nom de son père disparu. Or il n'existe pas de patronyme mais seulement des noms personnels attribués à la naissance, bien souvent remplacés par des surnoms. Pour recenser les populations, les taxer, créer une ébauche d'état civil, les colonisateurs éprouvèrent de grandes difficultés. Comment identifier les innombrables

Rassemblement de la tribu des Kel Tadele aux montagnes de Kogo. Versant est de l'Aïr

Dans les koris (oueds) de l'Aïr, l'habitation ne se compose pas d'une tente de cuir mais d'une case structurée d'arceaux de bois recouverts de plusieurs nattes tissées en palmier-doum - Région El Mecki

Campement dans la plaine du Talak - Versant ouest de l'Aïr

Moussa, Mohamed ou Attaher ? Il fallait faire suivre chaque Moussa du nom de son père, par exemple Moussa agg (fils de) Amastan, mais comment le connaître ? Il fallut avoir recours aux forgerons, gens de la parole, qui disent ce qui est interdit aux autres, leur pudeur étant différente : ils avaient une bonne connaissance des généalogies et ils pouvaient

prononcer le nom d'un disparu qui n'était pas leur père.

Les Touaregs ne se réduisent pas au modèle des « nobles » et des guerriers, même si ceux-ci ont imprimé leur marque à toute la société ; les artisans, les religieux, mais aussi les anciens esclaves contribuent à faire vivre une communauté dans laquelle chacun possède un rôle bien défini.

Visage des femmes

La femme touarègue a aussi été victime de bien des clichés et son visage doit être découvert avec prudence et discrétion. Son comportement n'est pas uniforme et si l'attitude de la femme « noble » sert toujours de référence, on doit évoquer celle de la « religieuse » qui appartient à la même civilisation : elle ne sort de la tente que le corps dissimulé par une natte ; elle se déplace sous un dais en tissu blanc qui surmonte sa selle ; et sur les chameaux le voile blanc qui la cache oscille sous l'effet combiné du pas du chameau et de son poids souvent considérable. On ne pénètre pas dans sa tente si l'on n'est ni son mari, ni son frère, ni son forgeron, ni son serviteur. Dans l'Azawagh les religieux forment les groupes de beaucoup les plus nombreux : et pourtant on a tendance à ne parler que des femmes qui se laissent approcher et qui ont le verbe haut.

Les anciens guerriers et leurs femmes se moquent de ce comportement : ils traitent d'hypocrites ces « religieuses » et disent en riant qu'elles se cachent pour mieux observer les hommes : leur modestie ne serait que façade...

On peut cependant affirmer que la femme reste toujours au premier plan dans la société touarègue et que son rôle ne diffère guère d'un groupe à l'autre. « Nobles » et religieux l'invoquent pareillement dans leurs poèmes lyriques :

(Foucauld, 1925, t. I, 368-372).
La beauté s'accompagne de formes pleines, voire lourdes qui sont signe d'opulence et de contacts doux et confortables.

La femme a le verbe haut et il vaut mieux ne pas s'exposer à sa colère : dans des vers vengeurs, elle peut détruire bien des réputations ou pire vous

A gauche et ci-dessus : jeunes filles des Kel Owey. Région de Timia - Aïr

« Quand Reichenou a fait accroupir ses chameaux à Iglougal,
le soleil n'a plus osé se montrer au ciel » (Foucauld, 1925, t. I, 638).
La beauté d'une femme éclipse le soleil...
« Comme éclat, elle est la lune ou sa compagne,
l'étoile que vous voyez au ciel ;
comme œil, c'est la gazelle ; que dire de son parfum ? (...)
il sied à la pouliche que son dos soit
gras, lisse et qu'elle dresse l'encolure :
tout sied à Amenna dans son corps entier. »

tourner en dérision et vous vouer au ridicule : c'est la honte suprême qui peut inciter un homme à fuir son pays plutôt que de risquer les quolibets de ses proches. Bien que musulmans et appartenant à une religion qui autorise quatre épouses, n'est-ce pas la femme qui a su le plus souvent imposer la monogamie ?

Tant de dénominateurs communs donnent aux Touaregs une image précise, mais aussi souvent déformée et monolithique : or ce moule ne doit pas faire oublier que le milieu diffère dans les massifs de l'Ahaggar et de l'Aïr, dans les plaines de

74

Jeune fille au puits. Tribu des Kel Owey - Aïr

l'Azawagh et en zone méridionale à vocation agro-pastorale où éleveurs et paysans cohabitent. Chaque milieu implique une exploitation différente.

Touaregs de l'Azawagh

Touaregs des steppes, ils vivent d'élevage en exploitant un troupeau de chamelles, de vaches, de brebis et de chèvres dont le lait constitue une part importante de leur alimentation. Ce sont des nomades, mais des nomades casaniers, attachés à une vallée, à un puits et à un territoire où ils ont leurs habitudes. La migration estivale vers les sources et les terres salées suit un itinéraire balisé par les souvenirs des précédentes transhumances : elle ne varie qu'en fonction de pluies imprévisibles et de pâturages variables, mais ce ne sont, le plus souvent que des variations sur un même thème.

En saison sèche, les campements de tentes en peaux se dissimulent à l'ombre des grands arbres qui colonisent de larges vallées fossiles. Les chamelles tendent le cou pour brouter les rameaux des branches supérieures et d'un coup de langue happent les petites feuilles insérées entre les épines ; les chèvres grimpent dans les arbres accessibles ou se dressent sur leurs pattes postérieures, pour atteindre les feuillages et les gousses encore intacts. Vaches et brebis cherchent les herbes les plus tendres en laissant des pailles déjà sèches pour les jours difficiles à venir. Agneaux et cabris consomment les fruits et les gousses que de jeunes bergers font tomber en secouant les arbres avec de longues perches crochues ou broutent les feuilles des branchages que les bergers ont ployés en « parapluie » pour les mettre à leur portée.

Si les « sécheresses » réduisent parfois gravement la production fourragère et mettent en péril une partie des troupeaux, l'eau manque rarement : les animaux meurent plus souvent de faim que de soif. Les pluies, pendant les quelques semaines de l'été, remplissent des mares qui deviennent des centres de vie : les troupeaux peuvent s'y abreuver et les hommes y remplir leurs outres d'une eau fangeuse, lourde de vase et de déjections animales, mais sans qu'il soit nécessaire de puiser dans les profondeurs de la terre. Les mares sont presque toutes temporaires et, dès qu'elles s'assèchent, les nomades creusent des puisards pour atteindre des nappes superficielles ; mais leur faible débit exige de creuser des batteries de puisards avec des orifices multiples, chacun cadré de bois, plus rarement de pierres, pour éviter leur effondrement : si l'un est vide, on passe au voisin et lorsque l'on revient au premier, il a pu se recharger.

Ces nappes s'épuisent souvent à leur tour, et les puisards ne débitent plus qu'une eau parcimonieuse ; dès lors, les bergers poussent leurs troupeaux vers les puits profonds ou les stations de pompage pourvues de moteurs qui captent l'eau des nappes fossiles à plusieurs centaines de mètres de profondeur : une eau claire et pure coule à profusion dans les bacs métalliques. On entend de loin le bruyant halètement du moteur qui ne réussit pas à couvrir les cris, beuglements, mugissements, bêlements des chamelles, vaches, moutons et chèvres qui tentent de s'approcher des abreuvoirs en soulevant une épaisse poussière. Les bergers touaregs et peuls agitent les bras, frappant de leurs bâtons les flancs de leurs bêtes et, en même temps, vent humide de la mousson, venu du Sud, excite les animaux fatigués : il faut constamment les surveiller pour qu'ils ne prennent pas seuls la route du Nord, stimulés par cet air qui annonce la saison nouvelle. C'est la période où les plus faibles, souvent les jeunes, affaiblis par la canicule, se précipitent sur une herbe à peine sortie et, dans leur hâte, ingèrent

Femmes travaillant au puits dans la région d'Assodé - Aïr

les interpellent comme des chefs d'orchestre incapables de diriger dans une telle confusion. A côté, des rampes munies de gros robinets en cuivre permettent aux femmes de remplir leurs outres, de faire leur toilette et leur lessive.

« Cure salée »

Fin juillet ou début août, lorsque les pluies sont venues et revenues assez souvent pour remplir les mares et faire surgir l'herbe nouvelle, les Touaregs de l'Azawagh amorcent leur nomadisation estivale appelée « cure salée ». Depuis quelques semaines le un sable qui peut être fatal à leur organisme épuisé.

Les campements s'ébranlent alors et se dirigent par petites étapes vers les pâturages du nord d'In Gall, vers les sources minéralisées et les terres natronées de Tegidda-n-tesemt, Guélélé, Azelik, Fagochia ou In Jitan. C'est une période de mouvance généralisée au cours de laquelle des familles se rencontrent et se croisent. Des colonnes parallèles convergent vers les plaines septentrionales : à leur tête des hommes sur leurs chameaux, suivis de femmes juchées sur des ânes ou des bœufs porteurs chargés des tentes, des piquets, des vases de bois et

Jeunes femmes touarègues de la région d'Agadès

Lors des grands déplacements, les femmes montent sur les méharis. ▶
La selle des femmes est un palanquin qui peut être à l'occasion recouvert d'une tente légère (Ekhaoui)

des sacs en cuir, accompagnés des troupeaux groupés par catégories et par âge. Si les lieux de départ sont très dispersés, la région de la « cure salée » est bien délimitée autour des sources et puits bénéficiant d'une nappe artésienne jaillissante. Alors, Kel Aïr et Touaregs du Sud sont rassemblés et les tentes végétales en nattes se trouvent pour quelques remplies, les nappes superficielles rechargées jusqu'aux prochaines pluies. Les campements reprennent la route du Sud, en récoltant les petites graines des herbes sauvages, rassemblées dans un panier à claire-voie que l'on balance à bout de bras ou balayées à même le sol : ces « récoltes » permettent de constituer des réserves pour la saison sèche qui goulot tendu vers le haut par une cordelette pendant la remontée et libéré lorsque l'animal, arrivé au bout de sa course, a élevé la puisette au-dessus d'un tronc creusé de palmier ; le jardinier joue alors de la corde pour relâcher le goulot et provoquer le déversement de la puisette dans le réseau de canaux qui aboutit aux planches cultivées.

semaines mêlées aux vélums en cuir.

C'est une période heureuse, si les pluies sont favorables, où les bergers sont dispensés des lourdes tâches d'abreuvement, où les prairies sont encore vertes et tendres et ne portent pas encore les graines épineuses qui entravent la marche. Avec de l'eau, de l'herbe, du lait, les hommes retrouvent santé et force, liberté de mouvement, joie de vivre et de se rencontrer : c'est l'époque des jeux, des fêtes et souvent des mariages.

Dès lors tout est joué pour une année : les prairies d'herbes annuelles sont en place, les mares s'installe et de limiter l'achat du mil sur les marchés.

Touaregs de l'Aïr

Le long des vallées de l'Aïr, sur les terrasses qui bordent le lit du *kori* (nom local de l'oued), parcouru en été par quelques violentes crues et tapissé d'un sable grossier, des jardins se succèdent au milieu des palmiers doums, acacias, jujubiers et autres arbres sahéliens. Dans chaque jardin, un puits est surmonté d'un échafaudage en bois soutenu par deux béquilles ; l'eau est puisée par un animal qui tire une puisette en peau, munie à la base d'un Un homme suit le va-et-vient du bœuf tracteur, plus rarement du chameau ou de l'âne moins constants dans l'effort, alors qu'un jeune garçon ouvre et ferme avec une houe les « portes » des diguettes pour que les diverses parties du jardin soient successivement irriguées.

Des arbres fruitiers — dattiers, figuiers, citronniers, grenadiers — font de ces jardins des « paradis » de fraîcheur et de verdure, qui alternent sur les rives de ces vallées, étroits sillons de vie dans un univers minéral voué au sable, aux parois abruptes de grès et de laves ou au chaos de boules granitiques. Les cultures se succèdent : les soudaniennes — mil et sorgho — pendant l'été, les méditerranéennes — blé, orge, tomates — au cours de l'hiver. Ces Touaregs de l'Aïr, Kel Owey essentiellement, habitent aux environs des jardins dans des villages ou hameaux faits de maisons en pierres, de paillotes et de tentes en nattes.

Vieille femme touarègue. Tribu des Kel Fadey

Ces Kel Owey, fixés dans des villages, élèvent aussi des troupeaux et pratiquent le commerce caravanier : ces activités constituent une économie à trois faces, si l'on ne tient pas compte du travail salarié qui aujourd'hui apporte un revenu important aux familles. De nombreux produits cultivés sont destinés au marché : légumes et fruits frais pour les villes proches, tomates séchées et blé pour les oasis du Kawar où les caravanes vont chercher le sel et les dattes qu'elles revendent dans le Sud, dans le Damergou et le Damagaram : elles s'y approvisionnent alors en mil et en sorgho pour leur propre consommation et pour la vente dans les oasis de Fachi et de Bilma. C'est un commerce triangulaire qui relie l'Aïr, les salines sahariennes et la zone soudanienne du mil. Les Kel Owey peuvent ainsi, selon les circonstances, selon les besoins du moment, passer sans déchoir d'une activité à l'autre, même si le commerce caravanier reste l'activité la plus valorisante.

Comment est-on Touareg aujourd'hui ?

Touaregs de l'Azawagh et de l'Aïr, héritiers d'une même culture, vivant proches les uns des autres, diffèrent cependant sur de nombreux points relatifs tant à l'économie qu'à l'organisation sociale : Touaregs de la plaine et Touaregs des montagnes ont su s'adapter au fil des siècles et trouver une forme d'équilibre entre l'homme et un milieu aride et contraignant.

Aujourd'hui cet équilibre se trouve souvent menacé par des « sécheresses » répétées, par un accroissement considérable des hommes et des troupeaux et enfin par l'implantation de villes, de marchés, de centres industriels et miniers en plein cœur du désert. Dès lors, les Touaregs ne peuvent plus vivre exclusivement de leurs troupeaux : ils doivent compléter leurs ressources par des activités annexes telles que cultures irriguées dites de « contre-saison », commerce pour ceux, les plus nombreux, qui y étaient étrangers à la différence des « arabophones » voisins ou encore valorisation de leur savoir et de leur héritage culturel : pour les artisans c'est l'ouverture de leur production aux touristes et pour les autres leur engagement comme guides chameliers ou chauffeurs tout terrain auprès des offices de tourisme ou des agences de voyages qui se multiplient.

Des Touaregs de plus en plus nombreux vivent dans les villes comme gardiens, militaires, commerçants, fonctionnaires, salariés de tout bord, chômeurs, lycéens et étudiants. Chaque campement comporte un réseau de parents citadins, mariés dans la famille, qui reviennent à chaque occasion retrouver la vie pastorale et boire le lait de chamelle ; c'est un parti invisible qui soutient ces campements, apparemment immuables, par des investissements en troupeaux ou par des apports d'argent après une « sécheresse » meurtrière.

Les Touaregs aujourd'hui ne sont plus forcément « les hommes bleus », les caravaniers, les hommes de « nulle part » et pourtant ils restent touaregs et ils ont conscience de l'être. La connaissance de la langue reste leur lien vital, mais aussi une certaine vision du monde et un héritage culturel, un code de vie qu'il appartient à ces nouvelles générations de transmettre comme leur bien le plus précieux.

Le thé est indissociable de la vie saharienne ;
plus qu'une simple boisson, c'est un rite

Touaregs et leurs méharis. Contrairement aux Arabes qui dirigent le dromadaire avec une baguette, les Touaregs utilisent une bride fixée aux naseaux (Tigamt *en tamacheq*)

Jeune fille Kel Tadele à Kogo (Aïr)

5

L'AIR
La Suisse saharienne

Jean-Marc Durou

◀ *Dunes de l'Arakao (versant est de l'Aïr)*

Le massif de l'Aïr ou Azben est situé à 2700 km en ligne droite au sud d'Alger, sur le territoire de la République du Niger ; il resta longtemps à l'écart des voies d'accès empruntées par les explorateurs. Très isolé par les régions inhospitalières qui l'entourent, l'Aïr ne provoqua pas la passion que Tombouctou a toujours suscitée. Cependant, ce massif a été mentionné en 1562 par Léon l'Africain. Plus tard, en 1686, d'O. Apper a consacré une partie de sa « Description de l'Afrique » au royaume d'Agadès sans avoir toutefois recueilli des informations suffisantes. Il fallut attendre celui qui allait devenir le plus grand explorateur d'Afrique, l'Allemand Heinrich Barth, en 1850, pour être mieux éclairé. Celui-ci a en effet traversé le massif et décrit la région en ces termes, qui sont demeurés célèbres : « l'Aïr peut être considéré à bien des points de vue comme la Suisse du désert ». On comprend cet enthousiasme lorsque l'on sait que Barth arrivait du Nord et venait de traverser le Ténéré à dos de chameau ; de toute évidence il a été frappé par le contraste du désert absolu et d'un massif montagneux verdoyant. Un autre Allemand, Erwin Von Bary, succéda quelques années plus tard à Barth et traversa à son tour l'Aïr.

En 1889, la France lança une grande expédition militaire à but scientifique, la mission « Foureau-Lamy », dont l'objectif était de traverser le Sahara, d'Alger au lac Tchad. A l'approche de l'Aïr, le même sentiment d'émerveillement envahit Foureau : « Partout dans les vallées, se développe une belle végétation, partout pullulent les traces de gibiers : gazelles, antilopes, hyènes et chacals ». Quelques dizaines d'années plus tard, militaires et scientifiques parcoururent le massif en tous sens et personne ne songea à contester le surnom de « Suisse saharienne ».

L'Aïr est donc l'un des principaux massifs montagneux du Sahara central dont la principale caractéristique est d'appartenir au monde des tribus touarègues au même titre que les massifs du Hoggar, du Tassili n'Ajjer en Algérie et de l'Adrar des Iforas au Mali.

Bien qu'il soit moins grandiose par ses sommets que le Hoggar (l'altitude du mont Tahat est de 3.000 m), son point culminant, le mont Idoukal-n-Taghés, dans le massif des Bagzans, atteint toutefois 2.022 m.

Son emplacement géographique lui permet, en outre, de bénéficier du régime des saisons des pluies de l'Afrique tropicale. Ces précipitations sont très irrégulières et, selon les années, l'Aïr se transforme en un véritable jardin ou redevient un lieu désertique.

Ne mesurant que 400 km de long sur 250 km de large, l'Aïr est composé d'un ensemble de petits massifs montagneux : le Greboun (1.944 m), le Tamgak (1.988 m), le Tarouadji (900 m), etc. De tous, seuls les monts Bagzans, massifs tabulaires, sont véritablement habités. Ils abritent sur leurs hauteurs de nombreux petits villages aux jardins très productifs. Certains Touaregs affirment même qu'au siècle dernier, on trouvait encore des lions sur ces plateaux. Ainsi, l'originalité et l'authenticité de l'Aïr ont été sauvegardées par la rudesse des régions avoisinantes. A l'est et au nord-est, le Ténéré, « désert des déserts », forme une barrière quasi infranchissable. En effet, les vents dominants est-ouest forment de véritables barrières de dunes qui viennent jouxter les montagnes. Parmi elles, l'Arakao surnommée la « Pince de crabe » et les dunes de Temet sont au nombre des sites les plus connus et les plus appréciés des expéditions touristiques. Toujours au nord-est, à quelques dizaines de kilomètres du massif, une étrange montagne, « l'Adrar Chiriet », se détache comme une forteresse au milieu des dunes du Ténéré. L'Aïr est également un ancien massif volcanique. Au cœur de ses montagnes, dont l'altitude diminue insensiblement d'est en ouest, d'étroites vallées forment des défilés entre les immenses blocs de roche granitique. Là, se cachent de petites gueltas, points d'eau permanents où une végétation, bien que fragile, s'épanouit. Ces minuscules oasis sauvages, très peu visitées par les Touaregs eux-mêmes, sont les repaires des mouflons, des guépards et des troupes de singes. L'Aïr est donc un massif saharien où l'eau, toute proportion gardée, est relativement abondante. Cela explique la forte densité des populations qu'on y rencontre. Nomades et sédentaires s'y côtoient : les uns éleveurs et caravaniers, nomadisent, les autres ont bâti au cours des siècles de petits villages où palmeraies et jardins fournissent les dattes, le blé, les légumes nécessaires à la vie des deux communautés. Timia, oasis de montagne, est connue pour sa superbe palmeraie et sa cascade. Iferouane, situé plus au nord, est un petit village bâti le long d'un kori, planté d'acacias, au pied du majestueux Tamgak.

A l'extrême sud du massif, Agadès, capitale de l'Aïr, connue pour son célèbre minaret, a su garder l'authenticité d'une ville soudanaise. Non loin du Palais du Sultan, le grand marché est le point de rencontre des diverses ethnies : Touaregs, Haoussas, Toubous, Peulhs et Arabes viennent pour vendre ou acheter, avant de repartir vers le désert ou la brousse. Grâce à ce fabuleux mélange de races, Agadès, plus qu'aucune autre ville saharienne, a conservé son originalité et un artisanat particulièrement riche.

L'Aïr reste aujourd'hui une région préservée où les hommes et la nature ont su résister aux assauts d'un rude climat. Saura-t-il résister aux assauts d'un tourisme toujours plus nombreux d'année en année ? Le voyageur qui demain découvrira le désert doit savoir que l'aimer ne suffit pas, il faut aussi et surtout apprendre à le respecter.

On a souvent parlé ▶ des différents changements de lumière au Sahara. Ces trois images ont été prises au lever du soleil sans l'aide d'aucun filtre en moins d'une heure. Vallée des dunes de Temet, en arrière-plan la montagne du Greboun

Après les pluies d'été, les koris (oueds) de l'Aïr deviennent verdoyants.
Cette abondance de végétation a donné à la région le surnom de « Suisse du désert »

Kori (oued) *de Timia*

Paysage de l'Arakao surnommé la « Pince de crabe » un des plus beaux sites ▶
du versant est de l'Aïr

Marbre blanc de Kogo. Région du Zagado. Est de l'Aïr

Vue générale de l'oasis de Timia - Aïr

Guelta de l'oasis de Timia. Point d'eau permanent. Certaines gueltas du Sahara central abritent plusieurs variétés de poissons, témoins d'une faune résiduelle

Champ de blé, oasis de Timia

Timia, oasis de montagnes au centre de l'Aïr, est le point de rencontre des sédentaires et des nomades

Chaque jardin de la palmeraie dispose d'un puits.
L'eau y est remontée grâce à une puisette tirée par un zébu

Petit village d'Azzel proche d'Agadès

Scène de puits - Aïr

Rassemblement touareg, à l'occasion d'une fête (Oasis Iférouane)

Oasis de Timia. A l'ombre de la palmeraie, de nombreux jardins fournissent aux sédentaires blé, orge et légumes

Animal mythique, l'addax (addax nasomaculatus) est reconnu comme l'un des animaux les mieux adaptés au milieu hyper-aride. Aujourd'hui, protégé, sur le territoire de la République du Niger, son terrain de prédilection reste l'immensité du Ténéré. (En tamacheq : Emillal *)*

6

LA FAUNE DE L'AIR ET DU TENERE

John E. Newby
Fonds Mondial pour la Nature (WWF)

« Il y a en ce désert un grand nombre de dommageables animaux, et d'autres aussi qui n'offensent personne ».

Léo Africanus

« On ne peut pas vivre dans le feu, ou dans le vide, ou dans l'eau bouillante : on parviendra à vivre au désert, mais difficilement, laborieusement, acrobatiquement, sans cesse au bord du désastre et soumis en permanence à d'impitoyables menaces. »

Théodore Monod

Sur les bords du Ténéré, dans les canyons ensablés qui découpent les massifs rocheux de l'Aïr et Djado, se cache une fabuleuse galerie d'art, à la fois véritable musée et une encyclopédie en images. Littéralement des milliers d'images s'y trouvent ciselées sur les basaltes et les grès noircis par le fil des siècles. Ces gravures, les témoignages des habitants du Ténéré à l'âge de pierre, dépeignent non seulement l'homme lui-même, mais également — avec force réalisme — ses activités, ses cheptels et la faune sauvage qui constituaient son environnement il y a plusieurs milliers d'années. Les girafes, les éléphants, les rhinocéros et les singes défilent le long des murs de pierre, la majesté et l'esprit de chacun d'eux saisis avec adresse et dans les moindres détails par des artistes qui ne disposaient que d'outils en pierre et du temps pour l'élaboration de leurs œuvres d'art...

Outre les débris et les objets façonnés retrouvés lors des fouilles archéologiques, ces gravures constituent un registre de valeur inestimable sur l'environnement du Ténéré avant qu'il ne devienne le désert que nous connaissons aujourd'hui. La girafe, l'éléphant et le rhinocéros sont tous des animaux de la savane, qui vivent à présent bien au sud du Ténéré et qui, pour vivre, demandent un accès régulier aux points d'eau ainsi que des types de végétation qui disparurent il y a bien longtemps du désert. Lorsque le Sahara a subi sa désertification subite, il y a quelque 4000 ans, la savane s'est transformée en steppe et puis, à son tour, en sablières inanimées que nous connaissons aujourd'hui. Les espèces propres à la savane, incapables de supporter ni la sécheresse croissante ni la disparition progressive de leur végétation préférée, ont émigré vers le sud. A leur place, s'installèrent des animaux mieux adaptés, capables de résister à la soif et habitués à parcourir de longues distances à la recherche de pâturages de plus en plus rares et isolés.

Un examen attentif des gravures, associées aux ancêtres berbères du peuple Touareg de nos jours, nous dévoile ces espèces — l'oryx algazelle, l'addax, les gazelles, le mouflon à manchettes et l'autruche. Pendant les quatre derniers millénaires, le Ténéré a servi d'abri à ces animaux, parmi les plus remarquables du monde ; ces créatures capables de vivre sans eau pendant la majeure partie de leur vie. Jusqu'à il y a peu de temps, ils existèrent en grand nombre, non seulement dans le Ténéré et sur ses abords semi-désertiques, mais à travers tout le Sahara du Nil à l'Atlantique. Aujourd'hui leur existence est menacée, pas seulement par le désert lui-même, mais de manière plus précise, par les effets conjugués et cumulés d'une sévère sécheresse et par les ravages provoqués par une chasse excessive et incontrôlée.

Pour les êtres vivants, l'environnement du Ténéré est parmi les plus hostiles de la terre. Le thermomètre atteint les extrêmes, il n'y a pas ou peu d'eau et, par conséquent, la nourriture est rare ou bien très localisée. Pendant une grande partie de l'année, les températures s'élèvent au-delà de 40° à l'ombre. Sur les zones découvertes, elles grimpent encore plus et atteignent fréquemment 80° au sol. Les animaux du désert doivent faire face non seulement à la chaleur directe du soleil mais également à celle réfléchie par les rochers et le sable qui les entourent. Malgré des températures ambiantes élevées, elles ne sont pas phénoménales. Bien d'autres régions de l'Afrique subissent une chaleur semblable — mais durant des périodes moins longues — sans cependant cette pénurie d'eau exceptionnelle. Et c'est dans son adaptation à une aridité aiguë que la faune du désert se distingue des espèces peuplant les tropiques plus humides.

La pluviosité du Ténéré est extrêmement réduite, imprévisible dans le temps et répartie de manière très discontinue. La hauteur moyenne des chutes de pluie n'a pas de sens dans cette région de la terre où certains endroits peuvent rester totalement secs pendant des années durant pour ensuite, subitement, recevoir une averse torrentielle pendant l'espace d'une heure ou deux. Pour situer un ordre d'idée, l'oasis de Bilma reçoit approximativement 20 mm d'eau tombée annuellement. Sur les extrémités sud du désert et vers le massif de l'Aïr, la précipitation est légèrement plus élevée avec quelque 50 à 75 mm dans l'année.
L'aridité extrême du Ténéré se révèle dans l'action desséchante naturelle du vent et de la chaleur conjugués, qui, sur une année, évaporait l'équivalent d'une précipitation annuelle de 3000 m, soit de dix à vingt fois la moyenne annuelle.

Dans la mesure où certains des grands oueds de l'Aïr s'évacuent vers le Ténéré (Zagado, Tafidet, Arakao, Anakom), la faible pluviosité peut se trouver augmentée de manière considérable par les eaux des crues, un élément significatif pour la flore et, par extension, la faune. En plein désert, seuls les arbres les plus robustes, tels l'acacia *(Acacia raddiana)*, peuvent survivre pour succomber, cependant, en cas de sécheresse prolongée. Les autres plantes sont soit extrêmement résistantes, avec une adaptation

Gazelles dorcas (gazella dorcas). Très répandues dans toutes les vallées de l'Aïr, elles sont rarement solitaires (Azankad *en tamacheq)*

Fennec (fennecus zerda). Tamacheq : akouncheki *Vivant dans des terriers dont il ne sort que la nuit, il se nourrit d'insectes, de rongeurs, de lézards et parfois d'oiseaux*

cactoïde sous forme d'épines ou de surface cireuse, soit éphémères avec une apparition soudaine lorsque les chutes de pluie sont suffisantes pour faire germer les graines.

En termes plus simples, les organismes vivants du désert ne disposent que de trois options : fuir, se cacher ou subir tant bien que mal les conditions éprouvantes du désert. Mais en réalité la situation est beaucoup plus compliquée ; bien des habitants du Sahara font preuve d'une série d'adaptations remarquables qui leur permettent non seulement de faire face à l'environnement du désert mais, pour la plupart du temps, de mener une existence saine. Ces adaptations se regroupent sous trois rubriques principales : physiologiques (digestion avancée, refroidissement du sang), morphologiques (forme, taille, couleur) et comportementales (activité nocturne ou nomade). Parmi les grands mammifères, l'addax (Addax nasomaculatus) constitue le meilleur exemple de ce mélange subtil d'adaptations. Il est, en somme, la démonstration vivante de la forme, de la physiologie et du comportement qui a évolué pour affronter les rigueurs d'un environnement aride — la quintessence de l'animal du désert. Avec son corps cylindrique et ses pattes courtes, l'addax sacrifie l'élégance au profit de l'efficacité. Sa forme représente le compromis idéal entre la taille, la masse et la surface. Ses sabots larges et plats facilitent le déplacement sur le sable mou. Son pelage, d'un blanc éclatant, renvoie efficacement la lumière et, bien que très visible, ne présente aucun inconvénient pour une antilope avec quasiment aucun prédateur naturel. La physiologie complexe de l'addax lui permet non seulement de supporter des températures du sang anormalement élevées mais le dote également d'un système digestif à haut rendement, capable d'extraire de l'humidité de la végétation la plus sèche. Il est, d'ailleurs, tout à fait possible que l'addax n'ait jamais besoin de boire dans la mesure où il a accès à un pâturage assez vert.

A la différence de l'addax lourd, la gazelle dorcas *(gazella dorcas)* se distingue des autres habitants du Ténéré par sa grâce délicate. Agile, vive et vêtue d'une robe blond-roux toujours impeccable comme fraîchement blanchie, cette gazelle réjouit le regard. En raison de sa petite taille, de sa mobilité et de la vaste étendue de ses aires d'habitation, la gazelle dorcas est de loin le plus courant des grands mammifères du Sahara. Sa grande vitesse la préserve davantage des dangers d'origines humaine et naturelle là où précisément l'addax reste très vulnérable. En effet, pour ce dernier, sa forteresse désertique ne lui offre plus aucune protection face aux transports motorisés actuels avec leurs cargaisons de chasseurs, de prospecteurs de pétrole, de touristes et de pilotes de rallyes. La population des addax atteint aujourd'hui son point le plus bas et il est tout à fait possible que cette espèce disparaisse totalement à l'état sauvage avant la fin de ce siècle. Il y a tout juste un peu plus de cent ans, l'explorateur et scientifique allemand Gustav Nachtigal a franchi le Ténéré sur son chemin depuis la Libye jusqu'au lac Tchad. Le 17 juin 1870, à l'approche de l'oasis d'Agadem, son équipe a rencontré de nombreux addax. A cet égard, il confia à son journal de bord : « le nombre de ces animaux fut presque incroyable. Nous les aperçûmes dans toutes les directions, seuls, par petits groupes ou par troupeaux de plusieurs centaines ». Il poursuivit : « Où que notre regard se tournât, il y avait des antilopes qui paissaient tranquillement. Ayant été aussi peu pourchassées par l'homme, elles lui permettaient même de s'approcher au plus près pour peu que cela ne dérangeât pas leurs activités habituelles. » Mais pas pour longtemps, en l'occurrence parce que quelques instants plus tard ces « animaux innocents » se faisaient abattre en masse.

Bien que cette population soit tombée au point critique, il est encore temps de sauver l'addax, et, dans ce cas, le Ténéré aurait un rôle important à y jouer. Il y a dix ans, le gouvernement du Niger a lancé un programme de conservation des terres arides avec le concours d'un groupe d'organismes de protection de la nature sous l'égide du Fonds Mondial pour la Nature (WWF). Leurs efforts furent récompensés en 1988 par la création d'une vaste zone protégée centrée autour des montagnes de l'Aïr et du Ténéré occidental. Avec une superficie supérieure à 77.000 km² (soit deux fois celle de la Suisse), la Réserve Naturelle Nationale de l'Aïr et du Ténéré abrite le plus beau vivier de ressources naturelles de tout le Sahara. Au cœur de la réserve, presque 13.000 km² d'habitat hyper-aride ont été désignés comme « sanctuaire des addax ». Il est à espérer que ce sanctuaire, protégé légalement contre toute intrusion, assurera à l'addax le pâturage et la tranquillité indispensables à sa réhabilitation. Nous ne pouvons garantir la pluie mais nous pouvons au moins laisser l'addax poursuivre sa vie en paix au mieux de ses possibilités.

Outre l'addax et la gazelle dorcas, le Ténéré, et surtout la frange montagneuse du massif de l'Aïr, abritent un superbe étalage de faune rare et fascinante. Parmi les plus grands animaux, la gazelle dama est sans conteste l'un des plus rares et des plus impressionnants. Avec ses 80 kilos, c'est la plus grande des gazelles authentiques qui atteint près d'un mètre à l'épaule. Son pelage à deux tons, de blanc brillant avec l'encolure et les épaules couleur feuille morte, en fait également l'une des plus belles. La gazelle dama, qui autrefois se rencontrait couramment dans le Sahel et le sub-Sahara, est en grand péril de nos jours, et ne vit plus qu'en petits troupeaux isolés dans les régions les plus éloignées du Niger, du Tchad et du Mali.

Contrairement à la gazelle dorcas qui broute et tond les herbes et les buissons bas, le long cou de la gazelle dama lui permet d'atteindre les feuilles vertes, les fleurs et les cosses nourrissantes des hautes branches d'acacias. Les différentes espèces d'acacias constituent le soutien de la vie pour la faune des terres arides. Certains fleurissent et ensemencent pendant les mois les plus froids de l'année, d'autres pendant la saison chaude, assurant

Gazelle dorcas (gazella dorcas). Animal en pleine course.
Tamacheq : Tazankat

Autruche femelle gardant son nid à l'intérieur duquel elle a disposé ses œufs (struthio camelus). Région du Zagado - Aïr. (Enil *en tamacheq*)

ainsi une alimentation toute l'année. Les acacias sont par ailleurs des plantes très rustiques, capables d'exploiter toutes les catégories d'habitat, notamment les hauts plateaux et les ravines caillouteuses qui drainent les flancs des montagnes apparemment stériles. C'est dans cet habitat qu'on peut trouver un autre mammifère remarquable — le mouflon à manchettes (Ammotragus lervia). Bien que très rarement aperçu par les visiteurs, cet animal timide et prudent n'est pas rare dans les montagnes qui bordent le Ténéré. Le mouflon à manchettes est un maître grimpeur, qui se meut d'un pied assuré à travers les pentes abruptes et pierreuses en quête d'eau et de nourriture. Préférant se nourrir la nuit ou pendant le clair-obscur de l'aube et du crépuscule, les moutons se déplacent par petits troupeaux. De même que la gazelle dama, ils sont extrêmement friands des feuilles et des cosses à graines des acacias. Ils vont jusqu'à cogner le tronc de l'arbre avec leur tête pour faire tomber les cosses hors de leur portée ! Une fois repus, les moutons peuvent se désaltérer auprès des mares et des sources qu'eux seuls peuvent atteindre, ou prendre un bain de poussière rafraîchissant et hygiénique dans les sillons creusés par des générations de leurs devanciers. Au plus chaud de la journée, ou quand les vents froids de l'hiver ratissent le flanc de la montagne, les moutons s'abritent derrière les rochers ou au plus profond des cavernes et des grottes.

Si le mouflon à manchettes est, de loin, l'hôte le plus nombreux de la montagne saharienne, il n'est en aucun cas le seul. La présence du babouin doguéra (Papio anubis), animal qui est plus chez lui dans les savanes d'Afrique que dans l'environnement apparemment hostile des plus grands massifs de l'Aïr, est peut-être encore plus remarquable, et certainement plus surprenante.

Isolés géographiquement par l'avance du désert, l'Aïr et sa population de babouins ont été coupés d'habitats semblables par une bande grandissante de terrain subdésertique. Les babouins vivent en société par colonies assez importantes de dix à vingt individus et se nourrissent d'une variété relativement restreinte de plantes adéquates qui comprend la datte et le doumier. En raison de leur besoin de boire régulièrement, les babouins s'égarent rarement loin des grands gueltas permanents des montagnes de Tamgak, Timia et Bagzane. Dans certaines parties de l'Aïr méridional, les babouins fréquentent même les jardins des Touareg où ils volent le maïs et s'abreuvent aux puits et aux canaux d'irrigation. Un autre primate, le singe rouge ou singe patas (Erythrocebus patas) fréquente aussi les jardins, infligeant à l'occasion de sérieux dégâts aux récoltes de maïs et de tomates. Contrairement au babouin, le singe patas est beaucoup plus résistant à la sécheresse et on peut le rencontrer souvent à des kilomètres de la source la plus proche d'eau potable.

Le daman des rochers (Procavia capensis) est un autre habitant de la montagne aride. Malgré sa ressemblance avec le cochon d'Inde, le daman des rochers est, qu'on le veuille ou non, un proche parent de l'éléphant. Les damans des rochers sont grégaires et vivent en colonies au milieu des éboulis et des roches en bordure des oueds à la végétation généreuse. Ce sont des herbivores qui se nourrissent de plantes vertes, de graines et surtout des feuilles

et bas. Un seul œuf est pondu et, après l'éclosion, le petit reste seul de longs moments pendant que ses parents cherchent la pitance. Une autre espèce de vautour qui se rencontre plus communément dans l'Aïr et le Ténéré est le percnoptère d'Egypte (Neophon percnopterus). Beaucoup plus petit que le vautour oricou, le percnoptère d'Egypte grandit

Autruche et ses petits (struthio camelus). Aujourd'hui très protégée, on la rencontre sur le versant nord-est de l'Aïr

et des pousses tendres d'acacias. Malgré leur apparence pondéreuse, les damans des rochers sont en réalité extrêmement agiles et rapides, tout à fait capables de grimper au faîte des arbres pour se nourrir.

Le contact social entre les membres de la colonie est maintenu grâce à d'étranges sifflements et aboiements et, aux cris d'alarme dès le premier signe de danger, les animaux détalent pour se mettre à l'abri. Même si les chacals attrapent des damans des rochers de temps à autre, leur pire ennemi ne vient pas du sol mais des airs, sous la forme de l'aigle de Verreaux (Aquila verreauxii). Ce grand aigle noir magnifique de plus de deux mètres d'envergure surveille en haute altitude les colonies de damans des rochers, pour fondre par surprise sur les animaux qui ne se doutent de rien.

Le vautour oricou (Aegypius tracheliotus), énorme oiseau de deux mètres cinquante d'envergure et pesant près de dix kilos, est encore plus gros que l'aigle de Verreaux. Bien que surtout nécrophage, se nourrissant des restes de cadavres d'animaux, il est connu comme tueur occasionnel de gazelles. Le vautour construit un nid plat de grande taille, en plate forme et, malgré les dimensions du nid et de l'oiseau, le site qu'il choisit d'habitude est un arbre épineux relativement petit dans les montagnes, au bord des corniches abruptes qui surplombent la terre environnante. L'adulte, avec son plumage noir et blanc frappant, se distingue du jeune qui porte des plumes toutes noires pendant pratiquement sa première année d'existence. Contrairement à de nombreuses espèces de vautours plus grands qui se nourrissent surtout de charognes, le percnoptère d'Egypte absorbe une plus grande variété d'aliments, notamment des insectes, de petits rongeurs, des lézards et des œufs d'oiseaux. Il est aussi réputé comme l'un des rares animaux au monde à utiliser un outil pour se procurer sa nourriture. Tombant sur un nid d'autruche, on a pu l'observer en train de casser les œufs en faisant tomber une pierre dessus, jusqu'à ce qu'ils éclatent.

Vrai ou non, il est improbable que beaucoup d'autruches se laissent voler leurs œufs de cette façon car ce sont des parents extrêmement vigilants et agressifs. Il est également improbable de nos jours que le percnoptère d'Egypte trouve beaucoup d'œufs d'autruches pour se nourrir. Comme tant d'autres grands animaux sahariens, l'autruche d'Afrique occidentale (Struthio camelus camelus) est d'une rareté exceptionnelle. La chasse excessive, la sécheresse et, surtout, le pillage des œufs en ont très gravement réduit le nombre. Le petit millier

Guépard (acinonyx-jubatus). Tamacheq : amayas. *Animal très craintif, il est rare d'en apercevoir. Il n'a pourtant pas été le seul félin des montagnes de l'Aïr. On signalait au siècle dernier la présence de plusieurs lions dans les Bagzans*

d'autruches qui habitent l'Aïr et le Ténéré constituent actuellement la plus forte population en Afrique occidentale et en Afrique du Nord. Malgré sa préférence pour les vallées plus vastes et les plateaux abrités, l'autruche s'aventure souvent dans le désert en quête de nouveaux herbages ou en migrant d'une aire d'habitation à une autre. La reproduction a lieu après les pluies, quand la peau nue du cou et des cuisses des mâles prend une teinte écarlate éclatante. Dans le sable grossier d'un petit oued isolé, les oiseaux creusent une petite cuvette où une ou plusieurs femelles pondent jusqu'à vingt-cinq œufs. Le mâle et la femelle partagent l'incubation. Selon le folklore touareg, la femelle gris pale couve les œufs pendant la journée et le mâle au plumage noir pendant la nuit, astuce qui leur évite d'être détectés par les prédateurs. Quelques heures après l'éclosion, les petits sont capables de suivre leurs parents et de fourrager à la recherche de graines et d'insectes.

Dans la dernière décennie, les ornithologues travaillant pour le compte du WWF ont enregistré plus de cent cinquante espèces d'oiseaux sur le Ténéré et ses massifs voisins.

De ces cent cinquante, peu nombreux sont les oiseaux à demeure et plus de soixante pour cent d'entre eux sont des espèces contraintes, lors de leurs migrations, d'effectuer la traversée périlleuse du désert deux fois par an entre leurs terres de reproduction en Europe et leurs quartiers d'hiver en Afrique. Quoi de plus incongru, d'ailleurs, qu'un héron ou une cigogne blanche qui se repose sur la crête d'une dune avant de poursuivre son voyage ? Bien que la plupart des oiseaux réussissent la traversée, les corps momifiés le long du chemin témoignent du droit de passage impitoyable prélevé par le désert.

Lors des rares années où des pluies importantes tombent sur le Ténéré, les dunes et les cuvettes sableuses peuvent se transformer, dans l'espace de quelques jours, en prairies tapissées de tendres pousses vertes. Pour la plupart des plantes annuelles d'une durée de vie limitée, ces quelques espèces qui occupent le sol du Ténéré fournissent à la faune sauvage un herbage excellent et, mieux encore, une source vitale d'humidité. Au cours de ces années au Sud, à l'époque où la faune était plus dense, l'oryx algazelle *(Oryx dammah)* et la gazelle dama *(Gazella dama)* pénétrèrent jusqu'aux confins du Ténéré pendant la saison des pluies et la saison d'hiver qui suivait.

Lorsque les températures commencent à grimper et que les plantes se dessèchent et meurent, les gazelles et les antilopes quittent le désert pour des habitats plus cléments. Dans le cas de l'oryx, ces déplacements saisonniers donnèrent jadis naissance, avec des dizaines de milliers d'animaux, à de véritables migrations qui hélas n'existent plus. Anéanti par la chasse, la sécheresse et la concurrence autour de ses aires d'habitation préférées, l'oryx est devenu aujourd'hui, avec au mieux quelques centaines de survivants, l'antilope la plus rare du monde. Parmi les autres visiteurs du Ténéré durant les années bénéfiques figure l'autruche *(struthio camelus)*, dont la population, estimée à presque mille, constitue la concentration la plus importante de l'Afrique occidentale. Bien que ces oiseaux préfèrent les vallées et les plaines retirées pour élever leurs petits, il n'est pas rare de voir un groupe animé d'autruchons becquetant sous l'œil vigilant de leurs parents. Il n'en est pas de même pour le mouton de Barbarie *(Ammotragus lervia)*. Cet animal magnifique, plutôt chèvre que mouton, ne quitte en effet que rarement ses forteresses montagnardes pour descendre paître dans le désert à la faveur de la nuit.

Chacal (canis-aureus). Tamacheq : Ebegui ou Eggour. *Très répandu dans tout l'Aïr, animal inoffensif pour l'homme, il rôde très souvent la nuit autour des campements à la recherche de nourriture*

Pour l'addax, la pluie du Ténéré peut faire la différence entre la vie et la mort. A l'instar des autres ongulés du désert, il possède cette capacité remarquable de pouvoir repérer des lieux de pâturage, fussent-ils toujours réduits et fort éparpillés. Ce mécanisme de repérage est déclenché par les chutes de pluies. Ayant senti l'odeur de la pluie dans le vent ou peut-être attiré par les éclairs contre les horizons très visibles du désert, l'addax peut trouver une rare occasion de boire ou, en cas de précipitation suffisante, profiter de pâtures vertes et succulentes qui germineront dans l'espace de quelques jours. Les femelles mettent bas vers septembre, à l'époque où les nouveaux pâturages ont eu le temps de se constituer. Contrairement à l'éblouissante blancheur de ses parents, le jeune addax arbore un pelage roux pâle qui l'harmonise avec les sables environnants. Bien que les prédateurs naturels soient rares, la femelle protège son petit avec acharnement, tout en émettant une série de grognements gutturaux et de meuglements pour maintenir le contact avec lui.

En errant de pâture en pâture, les addax restent au Ténéré de juillet à février pendant les saisons des pluies et de l'hiver. Lorsque les températures montent et que les vents brûlants se mettent à souffler de l'est, même le « roi du désert » est contraint de partir. A la différence des oryx et des gazelles damas moins bien adaptés, le départ de l'addax relève plutôt d'un repli stratégique que d'une migration de grande envergure. Tant qu'il existe de l'herbage, les addax se dirigent vers les massifs en bordure de l'Aïr ou du Termit. Ici se trouvent les herbes vivaces *(Stipagrostis, Panicum)*, de l'humidité dans les épineuses mais succulentes touffes de hadd *(Cornulaca monacantha)*, et tout aussi importante, de l'ombre des acacias pour les abriter du soleil. Les animaux paissent pendant la fraîcheur du matin ou de la nuit. Sous le couvert de la nuit, les addax pénètrent même dans les vallées du massif de l'Aïr pour y profiter de la riche végétation. Avant le lever du soleil cependant, ils auront regagné la lisière du désert afin de s'abriter sous les arbres les plus isolés. Contrairement aux rongeurs et aux petits carnivores, qui fuient le soleil en se terrant, les antilopes et les gazelles sont contraintes de trouver abri tant bien que mal. A cette fin, elles creusent des gîtes pour se coucher dans le sable plus frais du côté abrité des dunes ou derrière des touffes d'herbes. Au fil des années, des amas de crottin laissés par des générations d'addax témoignent de la fréquentation de certains emplacements privilégiés. Dans les zones dépourvues d'ombre naturelle, la faune sauvage fait preuve d'ingéniosité et met à contribution tout abri possible : les bidons de carburant abandonnés, les véhicules délaissés, la carcasse momifiée d'un chameau mort.

Pendant la saison chaude de février à juillet, lorsque les températures commencent à grimper et que les plantes se dessèchent et meurent, les animaux du Ténéré livrent un incessant combat pour conserver leur humidité corporelle. Ils évitent ainsi toute activité qui risquerait de provoquer des coups de chaleur et la perte de cette eau précieuse par transpiration ou par halètement. La faune reste très vulnérable pendant ces mois difficiles. Les nomades Touareg et Toubbou choisissaient cette époque jadis pour pratiquer la chasse à l'addax, un animal très utile, capable de fournir un cuir solide et une viande excellente destinée à la consommation immédiate ou au séchage. Montés sur leurs chameaux, les chasseurs poursuivaient une bête en se relayant. Une fois immobilisé, l'animal épuisé était tué directement d'un coup de lance ou bien harcelé et affaibli encore par les chiens de chasse dressés (les « sloughis ») qui étaient transportés sur place à dos de chameau. De nos jours encore, l'addax est prisé par bien des nomades du Ténéré pour ses prétendues vertus curatives contre les morsures de serpent et les piqûres de scorpion.

Cratérope fauve (argya fulva buchanani). Vit surtout dans les acacias de l'Aïr et aux abords du Ténéré

Traquet à tête blanche (oenanthe leucopyga). Les Touaregs le nomment seni-seni au Niger et moula-moula en Algérie. Espèce très répandue dans le Sahara central, elle est aussi très familière à l'homme

Malgré l'absence de preuves scientifiques, ces tribus croient que l'addax mange les serpents et, de ce fait, s'immunise contre leur venin. Que cela soit vrai ou faux, la graisse et la moelle de cette antilope restent très appréciées.

Cette chasse traditionnelle, aussi efficace fût-elle (et selon tous les témoignages, il y avait plus de bêtes rescapées qu'abattues), était tellement difficile qu'elle n'avait guère d'incidence sur le nombre des addax. Tel n'est pas le cas, cependant, avec les méthodes plus modernes qui s'appuient sur l'utilisation des armes perfectionnées et les véhicules tout-terrain. De plus, tout harcèlement — si bien intentionné soit-il — peut provoquer un stress irréversible chez ces animaux qui ne surmontent les rigueurs de leur environnement qu'en conservant entières leur énergie et leur hydratation. Pour un addax ou une gazelle, parmi les pires choses, serait une course à grande vitesse devant un véhicule chargé de visiteurs voulant à tout prix les photographier. A l'insu de ces touristes inconscients, soit la bête terrifiée mourra subitement d'un coup de chaleur, soit elle sera obligée de refroidir son sang avec ce qui lui reste d'eau dans le corps. De toutes les façons, l'issue sera toujours fatale.

Pour les animaux plus petits, tels les gerbilles et les gerboises, qui se terrent dans le sable pendant la journée, les effets conjugués de la chaleur, du manque d'eau et de la déshydratation sont considérablement atténués. Ne serait-ce qu'à soixante centimètres sous terre, la température d'un terrier sera inférieure de plusieurs degrés à celle de la surface du sol. Et plus important encore, bouché par le sable, le terrier conserve un taux d'humidité supérieur à celui de l'extérieur.

Les rongeurs du désert ne sont évidemment pas les seuls animaux qui utilisent les terriers pour s'abriter ou se protéger. Le Ténéré abrite plusieurs espèces de lézards de différentes tailles, depuis le tropolicote d'Algérie (Tropolicotes tripolitanus) jusqu'au varan du désert (Varanus griseus). Rapide et très puissant, mesurant plus d'un mètre de longueur, le varan du désert est un prédateur qui se nourrit d'autres lézards, de gros insectes et même de petits mammifères. Selon la légende, il attaquerait aussi et, à l'occasion, mangerait un autre reptile saharien, la vipère à cornes (Cerastes cerastes). On dit que le varan s'enduit d'une herbe du désert (Aerva javanica) comme antidote contre le venin des serpents. Quoi qu'il en soit, le varan est un adversaire redoutable quand on l'attaque, qui s'enfle et siffle bruyamment. Si cela ne dissuade pas l'attaquant, le lézard s'avance la gueule ouverte en claquant rapidement de sa queue en forme de fouet.

La vipère à cornes, ainsi nommée à cause de deux protubérances épineuses au-dessus de ses yeux, utilise le sable plus pour se camoufler que comme terrier. En se tortillant, le serpent arrive à s'enfoncer dans le sable mou jusqu'à ce qu'il ne reste que ses yeux et ses narines au-dessus de la surface. Il peut ensuite attendre plusieurs heures patiemment qu'une gerbille sans méfiance passe à sa portée avant de bondir et de la capturer. Bien qu'elle compte davantage sur le camouflage que sur la vitesse pour attraper sa proie, cette vipère peut se déplacer très vite quand il le faut, en laissant pour traces de son passage une série de sillons en forme de « S » creusés par sa locomotion louvoyante. Comme la plupart des serpents, cette vipère n'attaque pas les hommes à moins d'être provoquée, surprise ou qu'on la touche ou qu'on lui marche dessus accidentellement. Sa couleur la rend difficile à repérer et il n'est sans doute pas recommandé de marcher pieds nus la nuit. Au plus fort de la saison froide et de la saison chaude, la vipère à cornes tend à rester assez inactive et à hiberner dans une certaine mesure. Elles semblent les plus actives quand les vents chauds du sud-ouest commencent à souffler, annonçant l'approche d'une nouvelle saison des pluies. A ces moments-là, il n'est pas rare de tomber sur une douzaine de serpents ou plus au cours d'une même nuit, errant par les dunes et plaines sablonneuses à la recherche de proies au sang chaud.

Mouflons à manchette (ammotragus lervia). Tamacheq : effitel.
Ils vivent en groupe dans les montagnes de l'Aïr

Alors que la plupart des reptiles du désert tendent à être insectivores, le fouette-queue (Uromastix acanthirinus) est un herbivore, particulièrement friand des jeunes plantes vertes annuelles qui poussent pendant la courte saison des pluies. Les lézards fouette-queue adultes peuvent peser jusqu'à un kilogramme et se présentent sous des couleurs variées et brillantes — jaune chrome, orange, vert vif... Leur principale source d'alimentation n'étant disponible que pendant quelques mois par an, les lézards se terrent dans le sable sous les roches et les éboulis au début de la saison chaude, en février ou mars, et ils « estivent » (comportement comparable à l'hibernation mais au cours de la saison chaude au lieu de la saison froide) jusqu'à ce que les nouvelles ondées les sortent de leur torpeur.

Pendant la chaleur de la journée, il est facile de croire que le désert est dépourvu de toute vie. Mais comme le prouvent les empreintes révélatrices sur le sable au petit matin, le désert ressuscite la nuit. Les gerbilles et les gerboises quittent leurs terriers, souvent pour parcourir de longues distances en quête de nourriture. Les graines et la végétation ainsi glanées leur apportent non seulement de la nourriture mais également de l'eau autrement introuvable. Lors des années où le Ténéré refleurit, il peut y avoir de véritables explosions démographiques parmi ses populations de rongeurs. En l'espace de deux ans, les espèces se multiplient pour, tout aussi rapidement, chuter lorsque la nourriture commence à s'épuiser. Ces périodes d'essor, qui se produisent environ tous les dix ans, sont remarquables. De la floraison des herbes du désert à l'invasion des oiseaux et des mammifères rarement vus, le Ténéré foisonne de vie. A mesure que les populations de rongeurs croissent sous les bienfaits de la végétation abondante, le nombre de leurs prédateurs se multiplie de même. Ainsi tout à coup apparaît le fennec (Vulpes zerda), ce petit renard magique du désert aux énormes oreilles et à la queue touffue, à l'entrée de sa renardière avec sa portée de renardeaux fouineurs. D'autres carnivores s'assemblent également, attirés hors de leurs aires d'habitation habituelles vers les montagnes et le semi-désert : le renard famélique (Vulpes rüppellii), le chacal (Canis aureus), le chat des sables (Felis margarita) et, exceptionnellement, le guépard

Babouins (papio anubis). Ce cynocéphale est répandu dans tout l'Aïr ainsi qu'une autre race de singes, les patas. Les habitants des oasis craignent très souvent leur incursion dans les plantations. (En tamacheq : Awarkad*)*

(Acinonyx jubatus). Devenu maintenant très rare par suite de chasse excessive, ce dernier existe encore en petit nombre sur les bords du Ténéré. Bien plus pâle que ses cousins de la savane, le guépard du désert est un animal robuste qui fait sa proie des gazelles, des outardes, des rongeurs et, malheureusement, des chèvres errantes lorsque l'occasion se présente.

A l'instar des carnivores, les rapaces participent au banquet qui leur est offert par la multiplication démographique des rongeurs. Bien que le Ténéré soit traversé d'année en année par un grand nombre d'oiseaux lors de leurs migrations, il en abrite très peu et aucun de manière permanente. Cela dit, l'une des espèces — le faucon lanier (Falco biarmicus) — fréquente régulièrement le Ténéré sur les abords des grands massifs désertiques et les pitons rocheux. C'est ici que ce faucon construit son nid pour y pondre ses œufs vers la fin de la saison fraîche. Cette période coïncide bien avec la migration printanière des oiseaux paléarctiques qui quittent ainsi l'Afrique pour rejoindre leurs terres de reproduction en Europe. Il y a peu de spectacles aussi palpitants que d'observer une famille de faucons laniers pourchasser les hirondelles et les bergeronnettes qui foncent têtes baissées à travers le territoire des faucons.

Faute d'oiseaux migrateurs, les laniers se tournent vers la petite faune disponible pour nourrir leurs poussins. Ainsi figurent au menu les lézards, les coléoptères, les araignées du désert et même, bien que cela puisse paraître surprenant, les scorpions. Les aiguillons caractéristiques de ces derniers se trouvent ainsi souvent dans les ingluvies de fourrure et d'os que les faucons régurgitent. Pendant ces dernières années, ils ont pu agrémenter leur régime des énormes vols de criquets pèlerins qui ont envahi l'Aïr et le Ténéré. Ces insectes dodus et juteux font non seulement le bonheur des oiseaux locaux mais attirent également, de par leur abondance, bien des oiseaux visiteurs. Vers la fin de l'été 1988, la concentration des faucons laniers fut tout à fait étonnante ; plus de 70 dénombrés au cours d'un après-midi sur un parcours de 70 kilomètres. Lors de ce même été est apparue au Ténéré une espèce rapace vue pour la première fois au Niger, le faucon concolore (Falco concolor). Se pourrait-il que la douzaine d'oiseaux observée eut été attirée hors de son aire de répartition habituelle vers le nord-est de l'Afrique par les vols de criquets migrants à travers le Sahara ?

Comme on peut le voir, le Ténéré est loin d'être un désert inanimé. Face à des conditions apparemment écrasantes, des plantes et des animaux parviennent à survivre, pour citer le Professeur Théodore Monod « difficilement, laborieusement, acrobatiquement... ». Mais, miraculeusement pour la plupart des citoyens du Ténéré, les rigueurs de la vie désertique ont relativement peu d'incidence sur leurs chances de survie. Pour certains, cependant, l'avenir est bien plus noir, non pas à cause de la chaleur ou de la sécheresse, mais plutôt à cause de l'homme avec sa tendance et sa capacité à détruire son environnement et à épuiser ses ressources naturelles. La vie dans le désert relève d'un combat sans relâche, la survie étant la récompense fragile rendue possible par des adaptations minuscules lors de l'évolution sur des millions d'années. L'addax survivra-t-il ? Pour cette créature remarquable, le Ténéré pourrait bien être son ultime champ de bataille. Prions et espérons pour lui qu'il sera le champ de la victoire.

Percnoptère d'Egypte (néophron percnopterus).
En Tamacheq : Taralgüé. Ce rapace vit aux abords de l'Aïr et dans les oasis du Ténéré, Fachi et Kawar

Vent de sable sur les falaises du Kawar

7

LE KAWAR, les oasis du Ténéré

Catherine Baroin

Sur la bordure est du Ténéré, désert particulièrement aride comme l'on sait, s'étend une région beaucoup plus riante. C'est le Kawar, chapelet d'oasis dont le nom s'écrit aussi Kaouar, l'Oued Kawar des géographes arabes. Cette région est appelée Togoï par une partie de ses habitants, les Toubou, maîtres des espaces qui s'étendent au-delà du Kawar vers l'est.

Le Kawar forme un « pays » bien défini et bien délimité, un havre de verdure presque insulaire au milieu d'un infini de sables et de regs. A l'ouest, il est bordé en effet par le moutonnement des dunes du Ténéré, l'un des déserts les plus arides qui soit puisqu'il n'y pousse pas le moindre pâturage sur plusieurs centaines de kilomètres et que le voyageur qui cherche à le franchir, au départ du Kawar, doit effectuer vers l'ouest un trajet sans eau sur deux cents kilomètres. Au nord le Kawar est bordé par le massif du Djado, à l'est par la rocaille et les sables des plateaux désertiques qui s'étendent au pied du Tibesti. Au sud le grand erg de Bilma barre la route du Tchad sur cent kilomètres. Mais les dunes vives qui parcourent l'horizon d'est en ouest, et que le voyageur trouve quelque difficulté à franchir, sont un obstacle moindre que l'aridité du Ténéré, car les points d'eau vers le sud sont assez nombreux. Aucune étape n'est supérieure à soixante-dix kilomètres. En outre, au-delà d'Agadem vers le sud, les pâturages deviennent plus abondants.

Si le Kawar apparaît comme un havre de verdure face aux immensités désertiques dont il est entouré, ce n'est pas tant ce caractère qui lui confère son intérêt et son importance, que sa position sur l'une des principales pistes caravanières qui traversent le Sahara du nord au sud, la piste Tripoli-Tchad. Depuis de nombreux siècles, le Kawar est donc une étape capitale sur cet axe commercial nord-sud, et toute son histoire est liée à celle du commerce caravanier.

A égale distance du Tibesti, de l'Aïr et du lac Tchad, le Kawar s'étend sur quatre-vingts kilomètres, tel un ruban, du nord au sud. Ce ruban de verdure s'élargit jusqu'à cinq kilomètres environ par endroits, ou se resserre ailleurs pour ne plus faire que quelques centaines de mètres de largeur tout au plus. Les bancs de sable y alternent avec des lits d'argile molle, des cuvettes de terre salée ou des mares temporaires. Les oasis du Kawar s'égrènent ainsi au long d'une dépression formée le long d'une côte, falaise dentelée bordant un plateau ensablé qui se déploie vers l'est en direction du Tibesti. Cette dépression n'est donc pas une vallée qu'aurait creusée un cours d'eau, contrairement à ce que pourrait laisser entendre le terme d'oued par lequel l'ont décrit les géographes arabes, mais il s'agit au contraire d'une « dépression subséquente jalonnant le pied d'une côte, une morphologie aussi simple que classique », comme l'explique le Professeur Monod.

Le Kawar offre donc un contraste saisissant avec l'aridité des régions qui l'entourent de tous côtés. Mais comment s'explique l'existence de ces oasis, de ces palmeraies dans cet environnement par ailleurs si sec ? Par la présence, au bas de cette dépression, d'une nappe d'eau à faible profondeur (à moins d'un mètre sous terre) qui autorise la croissance des palmiers. Il s'agit d'une nappe fossile, dont l'eau douce sourd en abondance dès que l'on creuse un peu le sol. Cette eau jaillit d'elle-même au pied de petits monticules qui s'égrènent le long de la dépression. Auprès de ces sources se situent des jardins irrigués, dont la production est insuffisante néanmoins pour nourrir la population. Celle-ci, peu importante, se répartit en quinze à vingt villages de taille inégale, bâtis autour ou à proximité d'une trentaine de points d'eau, tandis qu'au haut de la falaise se profilent les ruines de fortins abandonnés. Des mares au niveau d'eau variable, une dizaine environ, jalonnent également le fond de la vallée.

Le Kawar, nous l'avons dit, constitue une étape obligée sur l'une des principales pistes transsahariennes, la « caravanière », qui relie Tripoli au lac Tchad, deux mille deux cents kilomètres plus au sud à vol d'oiseau. Aux abords du lac Tchad, la région du Kanem au nord et celle du Bornou au sud-ouest furent jadis le siège de royaumes prestigieux, dont l'influence se fit sentir jusqu'au Kawar et au-delà. Actuellement le Kanem fait partie de la république du Tchad, tandis que le Bornou constitue l'une des provinces du nord du Nigeria. Mais si ces anciens royaumes ont perdu le prestige dont ils jouissaient autrefois, le Bornou surtout demeure un pôle d'attraction économique et religieux important (par l'influence de ses écoles coraniques) pour toute la zone saharo-sahélienne qui le voisine au nord.

Sur les deux mille cinq cents kilomètres qui séparent Tripoli du Bornou, la présence du Kawar, après plusieurs centaines de kilomètres de désert total, autorise donc le passage des caravanes. Il faut compter quinze jours de marche entre Zawila au nord, point de départ des caravanes qui se dirigent vers le Bornou, et le Kawar. Au-delà du Kawar vers le sud, il en faut encore à peu près autant pour parvenir au lac Tchad. Le Kawar constitue donc l'étape clé d'un axe nord-sud essentiel.

Pendant de longs siècles, la caravanière fut ainsi l'une des principales pistes transsahariennes. Elle joua longtemps et joue encore, quoique dans une moindre mesure de nos jours, un rôle capital dans la poursuite des échanges économiques et culturels entre le nord et le sud du Sahara. Vers le nord, au-delà de Tripoli, c'est sur l'ensemble des pays arabes que débouche cet axe commercial, et au-delà de ces pays mêmes sur l'ensemble des pays d'Europe. Vers le sud la piste transsaharienne du Kawar débouche sur l'Afrique noire et servait avant tout les intérêts commerciaux des royaumes les plus proches, le Kanem et le Bornou aux abords du lac Tchad, ainsi que le pays haoussa plus à l'ouest.

Les commerçants qui empruntaient cette piste étaient d'origines diverses et parmi eux les Kawariens eux-mêmes, familiers du désert, se chargeaient non sans profit d'acheminer les marchandises d'un bout à l'autre du parcours. Le sultan du Kawar, pour sa part, percevait une taxe sur les produits qui transitaient par l'oasis.

Le commerce qui se pratiquait au long de cette piste connut des périodes plus ou moins fastes, car il était tributaire de la sécurité dont les commerçants pouvaient être assurés sur leur trajet. Les caravanes, quand elles n'étaient pas défendues par quelques mercenaires ou ne bénéficiaient pas d'un accord avec les maîtres de la région, les Toubou, risquaient fort de devenir la proie des pillards. L'essor du commerce par la caravanière dépendait aussi de la paix et de l'épanouissement des pays situés à chaque extrémité du parcours. Ainsi les troubles qui sévirent au Kanem et au Fezzan au XIVe siècle, puis au Bornou et au Fezzan à nouveau au XVIIIe siècle, ont-ils fortement nui, en leur temps, à la prospérité du commerce qui s'effectuait par le Kawar.

Cependant en dehors de ces périodes de troubles, les princes du Kanem et du Bornou ont presque toujours réussi à tenir ouverte la caravanière grâce à leur alliance avec les Toubou. En effet les princes du Kanem (X^e^-XIVe siècle) étaient eux-mêmes d'origine toubou et ceux du Bornou, dont le royaume se développa à partir du XVe siècle après celui du Kanem, prirent soin de multiplier leurs alliances avec des femmes toubou afin de se ménager la protection, ou tout au moins la neutralité de ces pasteurs et guerriers redoutables sur la piste du Kawar et du Fezzan.

Le Kawar pendant de nombreux siècles fut sous la dépendance du royaume du Kanem puis de celui du Bornou (jusqu'au XVIIIe siècle), avec des périodes d'indépendance relative quand les souverains de ces états se trouvaient en difficulté. En même temps, le Kawar restait menacé par les pillards de toutes sortes, Arabes, Touaregs ou Toubou, susceptibles de venir razzier l'oasis et les caravanes de passage. D'où l'importance de ces alliances avec les Toubou qui permettaient de s'assurer leur protection plutôt que de risquer leurs attaques. Le sultan du Kawar lui-même fut, pendant de longues périodes, choisi dans des familles toubou, signe manifeste de l'appartenance du Kawar à la zone d'influence toubou.

A la fin du XVIIIe siècle, après la prise de possession de l'Aïr par les Touaregs Kel Owi, les incursions touarègues au Kawar se multiplièrent, marquant le début de la lutte d'influence entre les Touaregs de l'Aïr et les Toubou pour le contrôle du Kawar. Ensuite, au XIXe siècle, vinrent en scène les Arabes Ouled Sliman, chassés de Tripolitaine par les Turcs. Ils razzièrent à plusieurs reprises les grandes caravanes touarègues de passage au Kawar, en même temps que l'oasis. Les luttes incessantes de ces trois groupes au cours du XIXe siècle firent de tels ravages que le Kawar se trouvait dans un bien piteux état lors de l'arrivée des Français au début du XXe siècle.

L'histoire du Kawar, surtout celle que nous connaissons le mieux au XIXe siècle, est donc bien tourmentée. Mais les marchandises qui transitaient au long de cette piste caravanière ont, pour les plus importantes, connu une remarquable constance siècle après siècle.

Les esclaves furent très longtemps un élément de base de ce commerce. Capturés dans les régions animistes du sud du Tchad, ils étaient conduits en grand nombre vers le Fezzan où ils prenaient des destinations diverses. Le Moyen-Orient dans son ensemble et l'Afrique du Nord en étaient très demandeurs.

Ces esclaves étaient échangés contre des chevaux arabes, qui cheminaient en sens inverse, du nord vers le sud. Réputés pour leur rapidité, ces chevaux étaient en effet très appréciés par les sultans du Kanem et du Bornou qui les utilisaient pour guerroyer, se procurer des esclaves et maintenir leur hégémonie. Le taux de change, contrairement à ce que l'on pourrait croire, n'était pas en faveur des esclaves : c'est quinze à vingt esclaves qu'il fallait compter en contrepartie d'un cheval arabe. Il est vrai que ces animaux, plus encore que les esclaves, mouraient en grand nombre dans la traversée du désert. Après celle-ci les grosses chaleurs des pays soudanais, auxquelles ils n'étaient pas adaptés, leur étaient souvent fatales.

A partir du XVIe siècle, qui vit en Europe le développement de l'usage des mousquets, ces armes à feu furent elles aussi acheminées au long de la caravanière vers le sultanat du Bornou. Mais le commerce des armes à feu, vendues très cher, n'atteignit jamais l'ampleur de celui des chevaux. Jusqu'au XIXe siècle, au Kawar comme au sud du Sahara, l'arme principale resta l'arme blanche.

Le commerce des esclaves noirs du Sud comme celui des chevaux arabes et des armes se prolongea jusqu'à la fin du XIXe siècle. Parallèlement, de nombreuses autres denrées, en quantité moindre, étaient convoyées. De l'ivoire, des plumes d'autruche parvenaient vers le nord tandis que des articles divers de quincaillerie, du papier, du bronze

Orida au coucher du soleil. En arrière-plan le plateau du Djado

et de l'acier prenaient le sens inverse. Des étoffes et des vêtements, souvent fort beaux, s'échangeaient aussi au long de la caravanière et parvenaient au Kawar, en provenance tant du nord que du sud.

Le commerce du Kawar portait en outre sur les productions locales de l'oasis : produits miniers (l'alun, le natron puis le sel) d'une part, et produits agricoles (les dattes) d'autre part.

L'alun du Kawar, très réputé au Moyen Age, était la principale source de revenu de l'oasis au XIIe siècle. Il était exporté vers le nord, de l'Algérie à l'Egypte. Le sel, dont l'exploitation est plus récente et se poursuit de nos jours, fut acheminé vers le sud (Kanem, Bornou, pays haoussa) dès le milieu du XVe siècle. De la fin du XVIIIe siècle et jusqu'au début du XXe siècle, les grandes caravanes de sel touarègues, les *azalaï*, composées de plusieurs milliers de chameaux, transportaient le sel du Kawar vers l'Aïr et au-delà, vers Kano et Sokoto au sud. Les dattes du Kawar prenaient elles aussi la direction du sud.

Hormis le sel et les dattes, et l'alun autrefois, le Kawar n'a jamais produit d'autres denrées en quantité suffisante pour intéresser le commerce. Les céréales qu'on y cultive, en particulier, n'ont jamais même suffi à nourrir sa population. Le Kawar est donc depuis toujours resté tributaire des importations et des bénéfices du commerce pour se nourrir. Les jardins qu'entretiennent les habitants des oasis n'alimentent que la consommation locale.

Mais quels étaient donc, et quels sont aujourd'hui les habitants du Kawar ? Si l'isolement de ces palmeraies au milieu d'immensités désertiques, et si les caractéristiques géographiques particulières du Kawar confèrent à ce lieu une unité physique certaine, sur le plan humain ces traits sont aussi la source d'une certaine unité. Celle-ci est le fruit d'une longue histoire.

La population du Kawar est issue de longs métissages entre des peuples au départ très hétérogènes. Les premiers venus, dans l'Antiquité, étaient vraisemblablement d'origine berbère. Puis vinrent des Noirs de la zone soudanienne, dans des conditions mal connues et à une époque où le Sahara était beaucoup plus humide qu'aujourd'hui. La traite des esclaves pour sa part laissa aussi sur place quelques éléments. Mais depuis de nombreux siècles, ce sont surtout des Kanouri, venus du Bornou, qui se sont installés au Kawar. Ils constituent à l'heure actuelle le fond ethnique dominant de l'oasis et c'est leur langue qu'on y parle. Ces Kanouri se sont métissés sur place avec des Téda originaires du Tibesti, principalement des clans Tomagra et Gounda. Ces Toubou du Nord vinrent s'installer au Kawar à partir du XVIe siècle ou plus tôt peut-être (les traditions ne sont pas unanimes sur ce sujet). Les uns arrivaient avec femme et enfants ; les autres, plus nombreux, prenaient sur place une femme kanouri ou en ramenaient une du Bornou. Le fruit de ces unions est une population plus ou moins homogène qu'on appelle les Guezebida, du nom d'une ville qu'ils habitaient autrefois au Kawar, Guezebi, actuellement disparue.

De nos jours les Guezebida du Kawar sont environ trois mille au total. Il faut y ajouter une faible population de Téda purs, et quelques Arabes venus du Nord plus récemment. Enfin, on ne peut parler de la population du Kawar sans évoquer aussi les Touaregs qui, s'ils ne sont pas des occupants permanents de ces oasis, n'y font pas moins des passages fréquents car ils mènent avec les habitants du Kawar un commerce actif. Il en est de même d'ailleurs d'un bon nombre de Toubou qui vivent en dehors du Kawar mais qui y conservent des attaches familiales ou commerciales.

Au total, la population du Kawar est donc une population composite, à dominante kanouri mêlée de sang toubou. Les classes sociales sont peu nombreuses. On distingue les nobles, les individus de statut libre ordinaire et les forgerons. Les forgerons sont peu nombreux au Kawar, et ils ont ici comme ailleurs cette caractéristique essentielle qu'ils ne se marient qu'entre eux. Ils fabriquent les armes blanches, les couteaux et les outils. Les nobles, pour leur part, ont un mode de vie similaire à celui des autres. Ce qui les distingue n'est pas tant leur richesse que leur appartenance à la classe dirigeante : c'est parmi les familles nobles qu'est choisi le chef du Kawar.

Les attributions de ce sultan sont strictement limitées : il est l'arbitre suprême lors de querelles intérieures à l'oasis, et il est le chef de guerre contre l'ennemi extérieur. Mais il n'a aucun droit de vie ou de mort sur ses sujets, ni même celui de recevoir d'eux un impôt. Son train de vie n'est pas différent de celui des autres habitants du pays. Il devait même, dit-on, renoncer à ses possessions quand il arrivait sur le trône, de façon à ne pouvoir acheter des esclaves avec lesquels il aurait pu chercher à soumettre le peuple. A l'heure actuelle il n'y a plus d'esclaves au Kawar : tous les individus sont de statut libre. Mais tel n'a probablement pas toujours été le cas. Nachtigal, explorateur allemand qui traversa ces oasis en 1870, indique qu'à cette époque la majorité de la population se composait d'esclaves d'origine bornouane.

Le chef du Kawar n'a donc pas un train de vie différent de ses administrés. De plus, son pouvoir n'est pas héréditaire. Il est choisi en alternance dans deux familles du clan Tomagra, ce même clan téda qui exerce un rôle dirigeant au Tibesti. La règle de succession au pouvoir des sultans du Kawar est donc directement copiée sur celle qui prévaut au Tibesti, le clan dirigeant étant d'ailleurs le même, et les prérogatives des chefs du Kawar sont tout aussi limitées que celles des Derdé du Tibesti.

Cette situation que décrit un explorateur allemand, Rohlfs, en 1866, témoigne bien de l'influence des Toubou sur le Kawar à cette époque. Mais ce n'était là qu'un moment de l'histoire. Le contrôle du Kawar par les Téda du Tibesti ne remonte pas au-delà du XVIe siècle, date probable de leur arrivée dans le pays. Ce contrôle s'exerçait en principe avec l'accord du royaume du Bornou, dont le Kawar constituait un poste avancé — le Bornou étant, rappelons-le, lui-même allié aux Toubou.

La domination du Kawar par les Téda du Tibesti connut un intermède à la fin du XVIIIe siècle. A la faveur du déclin de l'influence bornouane, les Touaregs de l'Aïr s'étaient alors imposés dans ces oasis et avaient réussi à y supplanter les Toubou. Ils y jouissaient du monopole du commerce du sel qu'ils exportaient à leur profit vers l'Aïr et vers Kano. Mais l'hégémonie touarègue, contestée en permanence par les Toubou, dura moins d'un siècle. Elle prit fin avec la venue des Arabes du Fezzan qui, dès 1835, commencèrent à razzier les immenses caravanes touarègues et à dévaster le Kawar. Les Toubou en profitèrent pour reprendre leurs prérogatives anciennes sur les lieux. Néanmoins l'histoire confuse et mouvementée de ce pays au XIXe siècle lui fit perdre pour un temps sa prospérité, victime qu'il fut des luttes d'influence et des pillages des Arabes venus de Tripolitaine.

Si les remous de l'histoire ont bien souvent fait varier la situation politique du Kawar, en revanche l'habitat n'a probablement pas énormément changé au fil des siècles. Certes, des villages nouveaux se sont construits ici et là, tandis que d'autres étaient abandonnés. Les voyageurs qui se sont succédé au Kawar ont fait mention de plusieurs noms de villes ou de villages maintenant inconnus, et dont l'emplacement précis est même tombé dans l'oubli. Au temps jadis, furent construites des forteresses au haut de la falaise, forteresses dans lesquelles la population pouvait se réfugier en cas d'attaque. Elles sont maintenant abandonnées et dominent de leurs ruines les palmeraies en contrebas. Les villages actuels se situent au fond même de la dépression. On distingue deux types d'habitations : les maisons en dur et les tentes de nattes, semblables à celles des Toubou.

Les maisons en dur ressemblent à celles qui s'observent au Fezzan ou au Bornou. Elles sont faites de murs bas en terre salifère ou pierre de sel, extraite sur place, dont on fabrique des briques qui sont liées entre elles avec de la boue en guise de mortier. Ces murs sont couverts d'une charpente de bois horizontale, sur laquelle on étale une forte couche d'argile délayée avec de l'eau et mélangée à des graviers, de la paille et du fumier. Chaque habitation se compose d'un mur extérieur sans ouverture à l'exception d'une porte, et c'est sur une cour intérieure que s'ouvrent les diverses pièces de la maison. Le jour y pénètre par les portes car les fenêtres sont absentes.

La matière première de ces habitations étant salée, les pluies qui sont rares mais violentes au Kawar peuvent en quelques heures causer d'importants dégâts. Ce sont donc les pluies qui confèrent aux maisons cet aspect ruiniforme qui a frappé tous les observateurs. Les villes mortes qui dominent çà et là la falaise ont, elles aussi et pour les mêmes raisons, cet aspect de ruines très spectaculaire, qui donne au voyageur l'impression trompeuse que ces

Enfants kanouris - Oasis de Bilma- Kawar

Plateau du Djado - Vue de la forteresse de Djaba ▶

forteresses furent construites en des temps très reculés. Elles sont en fait moins anciennes qu'elles ne paraissent.

Ces maisons en dur regroupées, habitat typiquement sédentaire, s'opposent par leur aspect comme par leur disposition aux habitations de type nomade que l'on trouve également au Kawar : les huttes de palmes et les tentes de nattes. Ces dernières sont plus nombreuses dans la partie nord du pays où les Toubou sont installés en plus grand nombre. Les huttes de palmes ont un toit plat, recouvert de branches de palmier ou d'une variété de jonc *(Imperata cylindrica)*. Les tentes de nattes ont un toit plat également, de forme rectangulaire, et sont en tout point comparables à celles que montent les Toubou du Nord, les Téda, comme ceux du Sud, les Daza. Ce dernier type d'habitat, au mobilier sommaire, est caractéristique du nomade : la tente se démonte en une heure à peine, elle se remonte en moins d'une demi-journée et se transporte facilement : les nattes de la tente, les bâtons qui en composent l'armature ainsi que le mobilier peuvent être chargés sur un seul chameau. Les huttes de palmes, quant à elles, seront laissées sur place en cas de départ. Dans les deux cas donc, il s'agit d'un habitat léger adapté à la mobilité, très différent par conséquent des maisons en briques de terre qu'occupent les sédentaires. Ces dernières, étant plus longues à construire, impliquent une résidence plus permanente.

Forteresse abandonnée de Djado - Plateau du Djado

L'aspect des demeures n'est pas seul à opposer l'habitat des nomades à celui des sédentaires, la disposition aussi. La dispersion des tentes et des huttes contraste avec le caractère toujours regroupé des maisons en dur. Un campement de nomades ne donne jamais une impression d'unité, tant les tentes sont espacées les unes des autres. Les maisons de terre au contraire paraissent soudées les unes aux autres comme pour ne faire qu'un seul corps. Faut-il attribuer ces différences à la psychologie des occupants ou bien est-ce simplement l'intimité de chaque couple que l'espacement des tentes cherche à préserver ? Dans l'habitat sédentaire, cette intimité n'a pas besoin d'espace pour être préservée, l'épaisseur des murs y suffit.

ou Toubou, et constituent une nourriture de voyage commode et très appréciée par eux. Elles sont consommées aussi par les paysans de la zone sédentaire subsaharienne et c'est donc vers ces régions surtout que les caravanes acheminent la production des dattiers du Kawar. Ces caravanes empruntent deux itinéraires possibles. Elles se

Forteresse de Djaba (Djado)

Les habitants du Kawar ne font pas d'élevage. Ils vivent en partie du produit de leurs jardins, mais la base de leur nourriture, le mil, leur est apportée par les caravanes. Ils se procurent ce mil grâce aux bénéfices qu'ils tirent du commerce caravanier, ou bien l'échangent contre les produits locaux : le sel et les dattes.

Comme l'Afrique du Nord est depuis longtemps productrice de dattes de qualité renommée, les dattes du Kawar ne sont pas de nature à intéresser le commerce vers le nord. En revanche elles sont consommées séchées par les sahariens, Touaregs

dirigent vers l'Aïr et au-delà en direction du sud, vers Sokoto et Kano, ou encore elles partent depuis le Kawar directement vers le sud pour rejoindre le lac Tchad et le Bornou.

La quantité de dattes produite au Kawar a considérablement varié selon les époques, car le travail dans les palmeraies ne pouvait être mené à bien en cas de troubles. Seuls les moments de paix permettaient le développement de ces cultures, comme de toute activité économique à vrai dire. C'est pourquoi la production de dattes au Kawar a

A quelques centaines de mètres des palmeraies des oasis de Bilma, les dunes du Ténéré marquent leur présence

Lac de l'oasis de Bilma - Kawar. Etonnant contraste entre l'extrême aridité du Ténéré à quelques kilomètres de là et l'abondance d'eau de l'oasis de Bilma

Montagne d'Orida - Plateau du Djado

Massif Orida - Plateau du Djado

connu un grand essor avec la colonisation, grâce à la paix qu'apportait la présence française. En pleine période coloniale, en 1946-1947, la production de dattes du Kawar se chiffre à mille tonnes, un niveau bien supérieur à ce que laissent supposer les rares indications disponibles pour les époques antérieures.

mille cinq cents tonnes, soit plus de douze fois davantage.

Cette production ne remonte pas à des temps immémoriaux. Avant que cette ressource minière soit exploitée, d'autres eurent des moments de gloire puis s'épuisèrent. Tel fut le cas de l'alun, pour lequel le Kawar au Moyen Age était très réputé. Ce

Hommes toubous. Palmeraie de Dirkou - Kawar

Les salines du Kawar, elles aussi, eurent une production variable selon les époques, et naturellement plus forte en période de paix. Vers la fin du XVIIIe siècle, un voyageur de passage au Kawar observa que mille chameaux avaient été nécessaires pour le transport annuel du sel produit sur place. A raison d'une charge de cent vingt kilos environ par chameau, on peut évaluer à quelque cent vingt tonnes la production de sel correspondante. Cette production, comme celle des dattes, s'intensifia fortement avec la colonisation. En 1946-1947 par exemple, la production de sel du Kawar s'élevait à

produit jouait un rôle important dans la préparation des étoffes et des peaux : il sert en effet de mordant en teinture et, utilisé en tannage, il rend les peaux imputrescibles. On trouvait au Kawar, en abondance, un alun blanc d'une pureté exceptionnelle, que l'on appelait *kawari*. Cet alun, au XIIe siècle, était la principale source de revenu du Kawar et la principale marchandise d'exportation. Il était transporté jusqu'en Egypte vers l'est, jusqu'à Ouargla et sa région vers le nord-ouest. Le renom de l'alun du Kawar, à cette époque lointaine, n'était pas seulement lié à sa pureté, mais à l'éloignement des autres régions de production. On ne le trouvait en effet nulle part ailleurs au Sahara, et vers le nord seules l'Egypte, l'Asie Mineure ou l'Italie en étaient productrices. La réputation et l'importance de l'alun du Kawar, dont al-Idrisi rend compte au XIIe siècle, ne dura sans doute pas au-delà de quelques siècles tout au plus car ces ressources minières finirent par s'épuiser. Au XVIIIe siècle, il n'était depuis longtemps plus question d'alun.

Après l'alun, une autre richesse naturelle fut exploitée au Kawar, le natron. Celle-ci fut probablement importante vers le XVIIe et le XVIIIe siècle. Cette substance salée, composée de carbonate et de muriate de soude, est précieuse pour les éleveurs : elle est donnée aux chameaux et aux caprins pour satisfaire leurs besoins en sels minéraux. L'exploitation du natron se faisait autour de lacs salés situés pour la plupart vers le centre du Kawar, près d'Achenouma et de Dirkou. Ramassée à la surface du sol, cette matière se casse en gros morceaux et se réduit aisément en poudre. La couleur rosée du natron de Dirkou l'opposait à celui, plus blanc, récolté près de Bilma. Combien de temps dura son exploitation ? Il est difficile de l'apprécier, car les sources historiques sur ce sujet ne fournissent guère d'indications. Toujours est-il que le natron n'était plus ramassé dans ces oasis au début du XIXe siècle. L'explorateur Denham, lors de son passage à cette époque, y remarqua en effet les traces d'importants sites d'extraction du natron, manifestement abandonnés.

En revanche une troisième ressource du sol, le sel, était en pleine exploitation au XIXe siècle. L'industrie qui lui est liée se perpétue de nos jours et remonte à plusieurs siècles, puisque le sel du Kawar était déjà acheminé vers Kano au milieu du XVe siècle, et peut-être même avant. Du XVe au XVIIIe siècle, le Kawar se trouvait sous la dépendance du royaume du Bornou. Les Kawariens exportaient le sel pour leur propre bénéfice ou bien pour celui du sultan du Bornou. Il est probable que le travail lui-même était confié à des esclaves. Par la suite, quand les Téda du Tibesti prirent pied au Kawar, ils tirèrent eux aussi profit de cette richesse naturelle.

A la fin du XVIIIe siècle, à la faveur du déclin de la dynastie bornouane, les Touaregs à leur tour s'emparèrent du Kawar et se réservèrent le monopole des bénéfices sur le sel. Ce ne sont pas eux, bien sûr, qui se livraient à ce travail peu compatible avec le tempérament d'un nomade. L'extraction était confiée aux paysans kawariens, qui ne recevaient plus pour leur peine qu'un salaire modique. L'essentiel du profit de cette industrie allait aux Touaregs, qui se chargeaient de transporter le sel du Kawar vers l'ouest, vers Agadès, puis de là vers le sud où ils le troquaient avec les habitants du vaste empire du Katsina, entièrement dépourvu de sel. Quelque temps plus tard, avec le déclin de l'influence touarègue, au XIXe siècle, les Toubou reprirent les droits sur l'exploitation de ces salines.

Les nomades Toubous sont originaires du Tibesti, massif montagneux du nord Tchad. Ils se sont installés, depuis plusieurs siècles, dans les oasis du Kawar. Ennemis héréditaires des Touaregs, ils forment une race guerrière qui s'illustra dans l'histoire du Kawar

Femmes Kanouris (oasis du Kawar)

Petite oasis d'Aney - Nord Kawar

Mais le travail lui-même était toujours effectué par les paysans kawariens.

L'extraction du sel à l'heure actuelle se fait à Kalala, sur une zone de quinze hectares environ qui se situe à deux kilomètres au nord-ouest de Bilma, donc dans la partie sud du Kawar. Cette exploitation est saisonnière et l'essentiel de la besogne se fait en mai et juin. Autant cette zone est peuplée à cette époque de l'année, autant elle est déserte en d'autres saisons. L'extraction du sel s'effectue en plusieurs étapes. D'abord de larges fosses sont creusées, les unes à côté des autres, séparées par des murets de terre. Leur forme est carrée, leur profondeur de deux mètres environ. Ces fosses se remplissent d'une eau qui dissout la couche de surface des pierres salées dans lesquelles elles sont creusées. Vers les mois de mai et de juin, quand la chaleur est la plus forte, l'eau s'évapore davantage et une épaisse croûte de sel se forme à la surface des fosses. Cette croûte saline est alors brisée au moyen d'un bâton et se dépose au fond de la fosse. Elle est ensuite malaxée sur place à l'aide de bâtons ou avec les pieds. L'homme qui fait ce travail s'y enfonce jusqu'aux genoux. Après ce malaxage, le sel quasi liquide est retiré de la fosse d'extraction et il est coulé dans des moules de bois en forme de chapiteau dont on retire ensuite, après séchage, de véritables pains de sel en forme de chapeau allongé, les *kantu*.

A mi-chemin entre Agadès et Bilma, l'oasis de Fachi est une île perdue au milieu des sables du Ténéré. Hier encore, les salines étaient très actives. Aujourd'hui la qualité moyenne du sel a provoqué le quasi-abandon de son extraction.

Contrairement à l'alun qui, au Moyen Age, était exporté vers le Fezzan et Ouargla, le sel et les dattes du Kawar ont toujours été acheminés vers le sud. Les pays soudaniens en étaient demandeurs, contrairement au Fezzan qui produisait assez de sel et de dattes pour sa propre consommation et davantage.

Les caravanes qui partaient du Kawar chargées de sel et de dattes empruntaient la caravanière en direction du lac Tchad, ou encore se dirigeaient vers l'Aïr en pays touareg avant de poursuivre leur route vers Sokoto et Kano. A la fin du XVIIIe siècle et au début du XIXe siècle, quand les Touaregs jouissaient du monopole du commerce du sel, ils en exportaient la totalité selon ce deuxième trajet.

Trois fois par an, ils se regroupaient en de très importantes caravanes de trois mille chameaux ou plus, qui apportaient au Kawar des étoffes et des céréales, y séjournaient quelques jours puis en repartaient chargées de sel et de dattes. C'étaient les grandes caravanes de sel, les *azalaï*, dont le spectacle impressionnant frappa vivement les voyageurs qui les croisèrent sur leur route : Barth par exemple, en 1853, Nachtigal en 1870.

Si les Touaregs rassemblaient de si forts effectifs pour aller chercher le sel de Bilma, c'était dans un but défensif. Grâce aux guerriers qui accompagnaient l'expédition, ils espéraient échapper aux pillards, toujours nombreux dans le désert. Cette précaution était loin d'être vaine. Les attaques étaient fréquentes et, en dépit de leur nombre, les Touaregs furent à plusieurs reprises victimes de razzias mémorables. L'insécurité du pays s'accrut encore avec l'arrivée en scène des Arabes Ouled Sliman, chassés de Tripolitaine par les Turcs. Ces Arabes, souvent avec l'aide des Toubou, razzièrent à plusieurs reprises la grande caravane de sel. Tel fut le cas en 1835, en 1849 et en 1860 notamment. Les Touaregs perdirent ainsi des milliers de chameaux, et le Kawar fut dévasté. En 1888 les Touaregs tentèrent une expédition de représailles contre les Toubou du Kawar, mais sans succès. De nouveaux pillages de la caravane touarègue eurent lieu en 1899 et en 1905. L'insécurité devint telle que la grande caravane de sel cessa en 1917.

L'implantation des Français et la pacification qui s'ensuivit firent revivre ce commerce, mais le regroupement des commerçants en une grande

Vieille ville de Fachi. Construite en bordure du grand erg de Bilma, l'oasis est le point de passage obligé de la grande caravane du sel (Taghlamt)

Surprenante oasis de Bilma où l'eau jaillit avec abondance - Kawar

caravane défensive n'avait plus sa raison d'être, les attaques n'étant plus à craindre. Désormais le commerce s'effectuait par petits groupes qui se dirigeaient les uns directement vers le sud, les autres vers Kano via l'Aïr. Le trafic devint incessant et en 1946-1947 par exemple, on dénombra au total 25 000 chameaux venus au Kawar. Ils y apportèrent 350 tonnes de mil et en remportèrent 1 500 tonnes de sel et 1 000 tonnes de dattes.

En dehors du sel et des dattes exportés du Kawar, le commerce caravanier apportait dans les oasis des céréales, des vêtements en provenance tant du Nord que du Sud, des ustensiles divers. Jusqu'à la fin du XIXe siècle, le commerce qui avait fait la prospérité de la caravanière et du Kawar, celui des esclaves, des chevaux et des armes, se poursuivit. Le commerce des esclaves, qui remonte au Moyen Age et même au-delà, était encore florissant au XIXe siècle puisque Nachtigal, qui était de séjour au Kawar en 1870, estima que le trafic annuel à cette date devait être proche de huit mille esclaves. La condition de ces femmes et de ces hommes était misérable, et beaucoup d'entre eux mouraient sur la route. Ce commerce prit fin vers 1900 car, à la suite de l'abolition de l'esclavage, la demande tarit dans les pays du Nord.

Les chevaux arabes, au XIXe siècle, étaient toujours très appréciés dans les pays soudaniens. Mais il s'agissait davantage de la persistance d'un préjugé favorable ancien que d'un réel besoin : au fil du temps s'était formée au sud du Sahara une race de chevaux adaptée à la chaleur de ces régions, et dont la rapidité n'avait, semble-t-il, rien à envier à celle des chevaux arabes.

Quant aux armes, leur commerce se développa à partir du XIXe siècle, mais la piste du Fezzan n'était plus la seule voie d'importation possible. Elle était concurrencée par les voies commerciales remontant du sud les marchandises d'origine européenne apportées par bateau jusqu'au golfe de Guinée.

A l'heure actuelle, pourrait-on dire, la caravanière n'est plus ce qu'elle était, et l'importance commerciale du Kawar a fortement baissé avec l'arrêt de la traite des esclaves comme du commerce des chevaux arabes et des armes dans le sens nord-sud. Si le Kawar connaît encore de nos jours une existence prospère, il la doit essentiellement à la présence du sel de Bilma qui jouit toujours de la faveur des pays du Sud. La production de sel du Kawar s'évalue actuellement en moyenne à 2 500 tonnes par an, et 16 000 chameaux continuent d'arriver chaque année au Kawar pour exporter cette production, ainsi que des dattes. Mais la qualité des dattes du Kawar ne saurait à elle seule attirer les caravanes. C'est la réputation de qualité du sel du Kawar qui fait la prospérité actuelle de ses oasis.

Homme toubou - Bilma - Kawar

Femme toubou (Dirkou) - Kawar

Femme toubou, oasis de Chirfa - Région Djado

Au pied des falaises de Bilma, les sources sont abondantes, là où le sel n'imprègne pas le sol de petites oasis sauvages naissent entre les dunes

Paysage de Bilma - Kawar

Salines de Kallala - Kawar. Ces bassins creusés par les mains des Kanouris sont exploités à la manière des marais salants, les nappes à ciel ouvert s'évaporent laissant se cristalliser le sel. Les sauniers appelés en langue kanouri kallas bactumas *surveillent périodiquement le degré d'évaporation*

Différents bassins de décantation des salines de Kallala à Bilma - Kawar ▶
Les différentes teintes des bassins indiquent les taux plus ou moins élevés de salinité. Lorsque le sel forme une mince couche à la surface du bassin, les sauniers à l'aide d'une calebasse le projettent sur les côtés, ce qui explique ces stalagmites

Le sel une fois séché et concassé.
Un spécialiste du sel appelé en kanouri « furté duma » *mélangera à ce produit brut une certaine quantité de terre.*

Le sel une fois concassé est humidifié puis placé dans un moule en tronc de palmier recouvert de cuir. Il sera séché et prendra le nom de kantou. *Le* kantou *fait de sel mélangé à de la terre est destiné à l'alimentation des bovins du Sahel. Des petits pains ronds sont aussi fabriqués de sel pur pour la consommation humaine*

La caravane du sel constitue un des plus vieux commerces de l'Afrique (mil contre sel). Bien souvent appelée Azalaï, qui est en fait le nom donné à la caravane maure de Taoudenni à Tombouctou, son nom touarègue est Taghlamt *(la chamelle), nom donné à Orion dans la constellation*

8

« TAGHLAMT » La caravane du sel

Edmond Bernus

A l'approche du XXIe siècle, à l'heure des satellites, des avions supersoniques et du Paris-Dakar, la caravane du sel n'a pas disparu. Et pourtant, depuis cent cinquante ans, elle a survécu à bien des obstacles : guerres, rezzous, colonisation, réquisitions, révoltes, sécheresses, concurrence du moteur...

Une période de sécheresse s'installa à partir de 1968, pour culminer en 1973 ; puis, après des années incertaines, en général déficitaires, les pluviomètres enregistrèrent en 1983-1984 des minima records, inconnus depuis l'origine des mesures, il y a soixante ans : en 1984, il tomba 5 mm de pluie à Agadez et, en juin 1985, le fleuve Niger à Niamey fut à sec. La caravane du sel cessa : l'administration dut la remplacer par des camions pour rompre l'isolement de ces oasis, coupées brutalement du monde. La caravane, pensait-on, était morte : ce mode archaïque de transport, relégué au rayon des antiquités, était destiné au folklore des pratiques surannées. On entrait de plain-pied dans le monde moderne.

En 1986, cependant, la caravane reprenait de plus belle, comme après une brève parenthèse due aux aléas d'une zone aride à risques. Pour un temps encore, le chameau l'emportait.

La caravane des Touaregs Kel Aïr

La caravane du sel est organisée et assurée par les Touaregs de l'Aïr au sens large : ceux qui occupent toujours le massif comme les Kel Owey et ceux qui l'ont quitté (Kel Geres et Itesen) et vivent aujourd'hui aux frontières du Nigeria. Les oasis de Fachi (Agram) et de Bilma (Kawar) sont ravitaillées par ces Kel Aïr qui en reviennent avec du sel et des dattes. Les caravanes touarègues qui permettent l'échange de produits de régions complémentaires forment le flux qui irrigue les itinéraires reliant ces marchés sahariens et soudaniens, à partir du territoire propre à chaque groupe, dans un mouvement alterné de diastole et de systole.

La découverte des salines par les Touaregs est rapportée dans de nombreuses traditions. « Un éleveur Itesen, du temps où ceux-ci résidaient encore dans l'Aïr, voyait chaque année un certain nombre de ses chamelles disparaître pendant plusieurs mois ; à leur retour, leurs excréments contenaient des noyaux de dattes ; il les suivit et découvrit ainsi les oasis, les salines et les palmeraies » (Bernus, 1981 : 233).

Effectuer régulièrement un tel commerce caravanier exige un élevage particulier, bien différent de celui des Touaregs de la plaine, qui possèdent des animaux essentiellement pour la production du lait, base de leur alimentation. Les troupeaux de chameaux, il s'agit bien entendu de dromadaires — mais comment résister à un vocabulaire consacré par l'usage ? —, sont composés d'une majorité de mâles, destinés à porter des charges sur de longues distances. Le chameau de l'Aïr ne ressemble en rien à celui de l'Azawagh : appelé *azeghraf*, sa robe est pie, avec de grandes taches sombres ; il possède des yeux vairons. Il est habitué à cheminer à la queue leu leu, la tête de l'un reliée par une corde à la croupe de celui qui le précède, dans une marche régulière où ils forment de longues colonnes parallèles. Ce sont des animaux, disent les Touaregs de l'Azawagh, qui sont sourds et presque aveugles. De ce fait, ils sont souvent effrayés par un obstacle qu'ils aperçoivent au dernier moment ou par un bruit qu'ils entendent à faible distance : ils ont alors des réactions brutales qui peuvent mettre en danger l'homme qui les monte. C'est un chameau qui n'a pas toute sa raison, il est comme fou, poursuivent-ils. Et puis, ce ne sont pas des montures qui répondent aux moindres sollicitations de leur maître, qui savent tourner en cadence autour du *tende*, marcher à genoux au rythme des joueuses du tam-tam. Ces propos, bien entendu, proviennent d'éleveurs non caravaniers, qui aiment les méharis à robe unie, rapides à la course et capables de se surpasser lors des grandes fêtes. Mais, ne l'oublions pas, si les Touaregs de l'Aïr continuent à élever ce chameau *azeghraf*, c'est pour ses qualités irremplaçables de bête de somme résistante et disciplinée.

Caravanes au début du siècle

Cette caravane, *taghlamt* des Touaregs, a dû surmonter bien des obstacles pour se maintenir : au milieu du XIXe siècle elle était très importante, puisque Barth, à Agadez, le 18 octobre 1850, rapporte que 10.000 chameaux des Kel Geres et des Itesen étaient rassemblés : il ne s'agissait, en fait, que d'une partie des effectifs puisque les Kel Owey étaient absents. Une telle caravane constituait une cible tentante pour les autres nomades, à l'affût de ces richesses ambulantes, impossibles à protéger au cours de ces traversées hauturières : ces rezzous s'apparentaient à des abordages de pirates. Toubous et Arabes Ouled Sliman, nomadisant aux confins du Niger et du Tchad actuels, surprirent souvent la caravane et lui firent subir des pertes sévères : 1835, 1849, 1860 « connurent de véritables désastres... En 1899, 130 Arabes du Fezzan et 400 Toubous tombèrent sur la caravane aux salines de Bilma ; les Touaregs eurent 70 tués, d'innombrables blessés et perdirent 7.000 chameaux » (Chapelle, 1975:112). Les pillages de la caravane ne cessèrent pas et en 1905, 1906, 1907 et 1908 des attaques eurent lieu : il semble étonnant que ce commerce se soit poursuivi dans de telles conditions.

au canon du poste militaire ; le détachement, commandé par le capitaine Maffre, fut surpris, sur la route du retour, après avoir accompagné la caravane, de Bilma à Beurkot. C'est la grande révolte qui embrase tout le pays touareg et l'Aïr pendant plusieurs années. Jusqu'en 1920 la caravane de Bilma n'a pas lieu.

La caravane était menacée mais la présence des militaires français assura une relative sécurité jusqu'en 1913 : les chameaux furent alors réquisitionnés à Bilma pour former la « colonne du Tibesti » en vue d'une opération de police contre les Toubous révoltés. Ensuite, la grande sécheresse de 1914 et de 1915 condamna au sommeil ce commerce privé des céréales méridionales. Enfin le 28 décembre 1916, à Tchin Teboraq, à 30 km à l'est d'Agadez, l'attaque de l'escorte par les partisans de Kaosen eut lieu quelques jours après le début du siège, puis des assauts répétés et du bombardement

Caravanes du temps colonial

A cette date, la caravane reprend et ne cesse de grossir. La révolte est terminée et, dès lors, l'administration coloniale, aux mains des militaires pendant de longues années, assure un contrôle plus strict des pistes et s'oppose aux rezzous : la dernière tentative à laquelle se livrent les Toubous a lieu en 1927. Les sécheresses sont oubliées et les récoltes de céréales permettent les achats dans les marchés du sud pour charger les caravanes qui reprennent la route : l'approvisionnement des oasis de l'Agram et du Kawar est assuré. Les effectifs progressent

Chargement de la caravane à Bilma. Les dromadaires n'ayant porté que du fourrage à l'aller, se rebiffent lorsque les lourdes charges de sel s'accumulent sur leur dos pour la longue marche du retour

régulièrement et atteignent en 1938 18.000 chameaux pour la caravane principale d'Automne et 22.000 pour l'ensemble des mouvements de l'année. En 1946-1947, 25.000 chameaux ont apporté au Kawar 350 tonnes de mil et ont remporté 1.500 tonnes de sel et 1.000 tonnes de dattes. En 1953, on compta 28.518 chameaux avec 588 tonnes de mil à l'aller et 2.346 tonnes de sel et 496 tonnes de dattes au retour. A partir de 1935, la *taghlamt* atteint une importance sans précédent, entre 15.000 et 25.000 selon les années : ses effectifs ne chutent qu'avec la période de sécheresse qui s'amorce en 1968.

La caravane se rassemble le jour où la première étoile de la Grande Ourse est visible à l'aurore au niveau de l'horizon. Ce jour est fixé à l'avance par les « astronomes d'Agadez ». Tous les caravaniers se groupent autour des puits de Tabellot et Beurkot au sud-est de l'Aïr, et là, font le plein des outres et ramassent la paille nécessaire à la double traversée du Ténéré et du séjour à Fachi et à Bilma. Le départ est donné par le représentant du sultan d'Agadez, son ministre du commerce, le *serkin-n-tourawa*, dignitaire chargé des relations avec les étrangers et préposé à l'organisation de la *taghlamt*. Enfin, pendant de longues années la caravane fut escortée par les militaires, ce qui exigeait un convoi groupé.

Rassemblés à une date fixée à l'avance, les chameaux sont chargés de sacs de mil achetés sur les marchés du Damergou, de sucre, de thé, de beurre cuit, de viande séchée, de tissus et de bien d'autres produits destinés à la vente. Sur le tout est arrimé le fourrage, tassé en bottes cubiques, le bois de feu, le mortier et le pilon : les crottes de chameaux sont utilisées si le bois vient à manquer.

Les guides se dirigent la nuit grâce aux étoiles. Les convoyeurs marchent devant les chameaux du lever du jour jusque vers midi ; puis ils montent les chameaux pendant les heures chaudes jusque vers 16 ou 17 heures ; ils mettent alors à nouveau pied à terre et marchent jusqu'au coucher du soleil, puis remontent pour la dernière étape nocturne. La mise en route matinale est toujours longue : il faut une grande patience pour arrimer les charges, lutter contre les chameaux qui protestent de la voix mais aussi par des secousses malignes pour déstabiliser le chargement.

La *taghlamt* se compose de plusieurs colonnes qui avancent parallèlement et non pas d'une file unique sans fin comme on l'imagine souvent : c'est une caravane qui progresse sur un large front. Pour les hommes, et cela contredit aussi bien des idées reçues, c'est une longue marche, entrecoupée de quelques heures de monte, car il faut toujours ménager les montures.

« Le deuxième jour après le départ, dit dans un rapport le lieutenant Périé, la caravane pénètre dans le désert, passe près de l'arbre du Ténéré le lendemain, et atteint Fachi trois jours après (km 325). Une partie s'arrête à Fachi, y séjourne cinq jours, pour effectuer les opérations et regagne Tabellot en six jours. Le reste continue jusqu'à

En avant de la Taghlamt, le Madougou, chef et guide de la caravane, scrute l'horizon vide à l'heure du zénith où aucun relief n'apparaît plus. Les dromadaires qui composent la caravane appartiennent à la race des azerghaf

L'escale à Bilma doit être rapide pour les Touaregs, elle ne dure pas plus d'une semaine. Ici, l'eau se trouve en abondance mais les réserves de fourrage s'épuisent vite. Les transactions entre les caravaniers et le chef des salines (Tourana) *sont donc menées rapidement*

*Le chargement des pains de sel (*kantous*) est une opération délicate.*
Très fragiles, ils seront enveloppés dans des nattes tressées en tige de palmier-doum
puis chargés sur les animaux

Caravane du sel dans le Ténéré ▶

Avant l'aube, les hommes s'affairent déjà à charger les dromadaires. Un jeune Touareg prépare la nourriture du groupe. A l'aide de son mortier, il pile le mil puis le mélange à de l'eau. Ce liquide leur servira tout au long d'une journée de 13 à 14 heures de marche

Bilma, et y parvient en quatre jours (km 500). » En style télégraphique, ce militaire qui commande le poste de Bilma en 1941 indique sans fioritures l'essentiel de cette traversée, sa durée comme la distance parcourue.

Arrivée à Bilma avant la dernière guerre

Chapelle (1957:112-113), au contraire, avec un luxe de détails, mais aucun d'eux n'est inutile, nous décrit, quelques années plus tôt, l'arrivée de la caravane à Bilma : « Nous savions depuis la veille que la caravane était proche, et voilà que dans l'après-midi, des cris et des you-yous s'élèvent. Deux messagers traversent le village à toute allure et se présentent au poste. La caravane est annoncée. Nous montons sur les terrasses, l'horizon paraît aussi net que d'habitude. Mais, du village, des chameaux partent au grand trot et une foule de femmes endimanchées se précipite dans les ruelles, se rassemble à la sortie du ksar, et se dirige vers le Ténéré. On les voit, dans la lumière violente, agiter les mouchoirs colorés et balancer les bras. On entend des cris contenus et le battement des tam-tams. Ces groupes courant vers le vide ont l'air de fuir une catastrophe, mais l'allégresse jaillit de leur allure et de leur voix collective. Tandis que celle-ci s'étouffe déjà dans le lointain, l'un de nous lève le bras, et, l'instant d'après, une ligne noire apparaît d'un seul coup, et barre l'horizon d'un bout à l'autre. Elle reste d'abord immobile, puis s'étale et descend à allure très lente, mais régulière et perceptible. Nous restons là une heure, à voir cette tache manger peu à peu la plaque claire des dunes. Enfin, on distingue les premières files et le croisement rythmé des longues pattes de chameaux. Quand précédé des tambours et des danseuses déchaînées, le *tourawa* et son escorte étincelante barraqueront devant le poste, de l'horizon continueront de surgir sans cesse de nouvelles files, et c'est derrière la même tache sombre que le soleil disparaîtra. Dans la nuit, le flot ne s'interrompra pas, et des retardataires arriveront encore le lendemain. »

Le marché de Bilma

La caravane s'attarde le moins possible car la provision de fourrage est limitée et les convoyeurs touaregs sont pressés de régler leurs affaires au plus vite. En échange des céréales et de tous les produits apportés du Sud, les habitants des oasis n'ont à offrir que leur sel et leurs dattes.

Le sel mis en vente se présente sous plusieurs formes : *kantou*, de 70 cm de haut, d'un poids de 15 à 20 kg, moulé dans un tronc de palmier évidé recouvert de cuir, ce qui lui donne une forme de colonne avec un socle pour base ; *fossi*, moulé dans une cuvette et de ce fait en forme de calotte hémisphérique. Chacun de ces « pains » est composé d'un mélange calculé de divers dépôts du fond des salines après évaporation. Enfin le sel appelé *beza*, vendu en vrac sous forme de cristaux ressemblant à de la glace pilée, est transporté dans des sacs.

Une partie des échanges se fait par troc, en particulier ceux qui concernent les dattes : pour du mil, elles sont échangées mesure contre mesure (ou à deux contre une) ; le taux varie d'une année à l'autre, ou même au cours d'une même année, selon que la transaction se fait pendant ou après la récolte des dattes. Une circonstance exceptionnelle peut

brutalement faire varier les cours : « en octobre 1946, une très violente tornade s'étant abattue sur Bilma en pleine saison des échanges, et ayant fondu une grande partie du sel *beza*, celui-ci, de 75 francs la charge, fut payé jusqu'à 250 francs » (Grandin, 1951). Les convoyeurs qui ne sont pas propriétaires des chameaux ont droit à un *kantou*, c'est-à-dire à un sixième ou un septième de la charge d'un animal, ou à la moitié des *fossi* qui, en général, ne constituent qu'un complément du chargement.

« Un caravansérail, d'où monte un énorme brouhaha, s'établit en plein air entre Bilma et les

Au cours du voyage du retour, les dromadaires ne seront nourris que du fourrage qui a été récolté à l'aller dans les montagnes de l'Aïr. L'immense effort des animaux épuise leur appétit, les Touaregs font porter des muselières aux chameaux qui s'attaquent aux nattes des animaux qui les précèdent

152

La nuit tombe sur le Ténéré mais la caravane ne s'arrête pas pour autant. Une journée de marche pour la caravane commence vers 9 heures du matin car le chargement de sel demande deux heures pour être chargé sur les animaux, elle ne s'arrêtera que vers 22 heures le soir, après une marche sans interruption

◀ *Caravane de sel dans le grand erg de Bilma au coucher du soleil*

salines (...). Les appels des hommes s'entrecroisent et les chameaux qu'on décharge poussent des cris déchirants. Les bottes de paille apportées par les caravanes, les ballots d'étoffe, les sacs de mil s'accumulent dans une confusion toute apparente, chaque tribu est groupée. Chaque Touareg a son correspondant, son ami du Kaouar. Dans les jours suivants, on peut voir aux allées et venues des uns et des autres, aux flâneries des prostituées, que le trafic bat son plein. En face des tas de mil s'alignent des pains de sel et des sacs de dattes. Les lots grossissent ou diminuent suivant le cours qui s'établit peu à peu et au fur et à mesure que les valeurs respectives de l'offre et de la demande se précisent. (...) Pendant ce temps des tractations se déroulent entre le *tourawa* assisté des représentants des tribus, et les chefs de villages » (Chapelle, 1957 :113-114).

Les pains de sel sont emballés dans la paille, enfermés dans des nattes faites des palmes du doum et ficelés en de gros paquets eux-mêmes solidement arrimés par des cordes. Pour éviter des chocs, des sacs de crottes de chameaux ou des coussins de paille sont placés aux zones de contact les plus sensibles. Quand tout est prêt, les départs s'organisent.

Les transformations de la caravane

« Rien ne peut se comparer à l'arrivée de la grande caravane de novembre à Fachi ou Bilma, telle qu'elle se déroulait autrefois, et telle que nous l'avons vue en 1931 », poursuit le commandant Chapelle. Cette arrivée grandiose marque une époque ; depuis la dernière guerre et plus encore depuis l'indépendance, elle ne forme plus une caravane groupée, escortée par les militaires, conduite par le *tourawa* qui préside aux échanges et qui fixe les prix avec les autorités locales. Ce ne sont plus ces files ininterrompues, comme des colonnes de fourmis dont on ne voit ni le début ni la fin : ce sont des caravanes fractionnées qui partent quand elles sont prêtes et dont les arrivées se succèdent d'octobre à décembre. Le grand rassemblement du départ autour du puits de Beurkot ou de Tabellot, avant la traversée, n'est plus qu'un souvenir.

Un autre changement doit être signalé dans le paysage : l'arbre du Ténéré, un *afagag (Acacia tortilis subsp. raddiana)*, si célèbre qu'il est indiqué sur toutes les cartes, comme une balise du désert, est mort et se trouve « embaumé » au musée de Niamey ; une malencontreuse manœuvre d'un camionneur libyen l'a abattu en 1972 : rendu sans doute fragile par la sécheresse, il n'a pas résisté à la poussée du véhicule. Est-ce un signe... ?

La *taghlamt*, interrompue à plusieurs reprises depuis le début du siècle, est toujours vivante ; elle est pratiquée comme par le passé par ces Kel Aïr — Kel Owey de la montagne, Kel Geres et Itesen du Sud — alors que les Touaregs de l'Azawagh sont en général réfractaires à ce commerce.

Ce sel saharien, tout d'abord, est préféré par les éleveurs au sel marin industriel de « La Baleine », que l'on trouve souvent à des prix inférieurs sur les marchés du sud. Les animaux et aussi les hommes, privés de ce sel coloré, souffrent de diverses maladies, en particulier l'héméralopie qui se manifeste par des troubles de la vue le soir : ce sel contient en effet des oligo-éléments indispensables à l'équilibre des animaux et aussi des hommes.

En second lieu, la rentabilité de ce commerce est assurée pour tous ceux qui ne comptabilisent pas leur temps ; en 1970, on a calculé (Bonte, 1970:223) qu'un chameau des Kel Geres, venu de la frontière du Nigeria, rapporte 7.000 francs CFA par traversée aller et retour ; ce profit est resté stable dans la mesure où le sel saharien est toujours recherché. La rentabilité d'un camion, sur un parcours long et difficile, est loin d'être assurée, mais il s'agit souvent d'un service assuré par l'Etat.

Les récents changements

L'interruption de la caravane a été provoquée essentiellement par le manque de fourrage après les très faibles pluies ; les chameliers ne pouvaient rassembler les bottes de paille indispensables à la traversée du Ténéré. L'herbe revenue, les chameaux sont repartis...

Le remplacement obligé des caravaniers par des camionneurs, au cours de la sécheresse récente, a permis de ravitailler les oasis : mais cette substitution n'a satisfait personne. En premier lieu, les camions apportent les céréales indispensables, mais ne peuvent fournir une gamme infiniment variée de produits : où sont les chèvres vivantes hissées sur les chameaux, la viande séchée, le beurre cuit, les tissus d'importation et ceux teints à l'indigo, le tabac, le sucre, le thé ? et la liste reste largement ouverte.

Enfin les habitants de Fachi et de Bilma possèdent une vieille complicité avec les caravaniers : ce sont des partenaires qui ont l'habitude de discuter, de marchander ; ils n'apprécient guère des cours fixés par l'administration. Au total, la caravane est moins rigide et permet de mieux satisfaire les besoins des habitants des oasis.

La caravane n'est pas morte. Est-ce un nouveau départ après un intermède lié à une phase aride, période creuse d'un système climatique pendulaire qui oscille à nouveau vers l'humide ou un dernier combat de caravaniers en sursis ?

« Mais qui saurait dire si, dans l'ensemble et à la longue, l'irruption des technologies modernes au désert n'aura, pour les Sahariens eux-mêmes, que des conséquences bénéfiques ? Qui oserait en décider aujourd'hui ? » note Théodore Monod en 1978, et il conclut : « Et comme on voudrait pouvoir repasser ici dans cinquante ans, dans un siècle, pour connaître enfin la réponse, la *vraie* réponse. »

Après avoir traversé l'erg ▶ de Bilma, hommes et bêtes font une courte halte dans l'oasis de Fachi. N'ayant que très peu de fourrage, ils devront très vite reprendre la route de l'Aïr. Un seul puits les séparera alors de leurs montagnes, l'arbre du Ténéré

Lors d'un mariage ou d'une fête religieuse, les Touaregs font parfois de trois à quatre jours de marche pour rejoindre le lieu de rassemblement (région du Zagado - Aïr)

9

LA FETE chez les Touaregs

Edmond Bernus

La fête est un terme intraduisible en touareg : et pourtant, à certaines saisons, les fêtes ne se succèdent-elles pas à un rythme accéléré chez les nomades ? A ce terme, le Dictionnaire de Foucauld ne nous renvoie qu'à *amoud*, qui signifie en premier lieu la prière coranique, et ensuite désigne les deux fêtes religieuses les plus suivies. On a l'impression que si la fête ne correspond pas à un concept précis, on connaît des fêtes nombreuses avec chacune son nom particulier, sa vocation, sa tradition propre.

En dépit de cette diversité, les fêtes provoquent souvent des manifestations collectives qui possèdent un même caractère. Elles ont parfois tendance à devenir effectivement « la » fête, dans la mesure où elles sont organisées non plus spontanément, mais pour honorer la visite d'un ministre ou d'un préfet, ou encore pour accueillir des touristes en mal de folklore. On assiste donc à des manifestations courantes qui passent pour la fête touarègue type, comme la kermesse est la fête flamande et le carnaval celle de Venise.

Tambour des femmes, carrousel des hommes

Telle est bien la manifestation souvent organisée à la suite de telle ou telle cérémonie et que l'on appelle dans le Nord *ilougan*, en se référant au carrousel des chameliers et *tende* dans le Sud et au Niger, en donnant le nom du tambour à la fête elle-même. On dira ainsi volontiers : « nous nous rendons au campement de X où un *tende* est organisé ».

Tende est le grand mortier en bois que possède toute famille pour piler le mil. En vue d'une fête, on place sur son ouverture une peau que l'on tend à l'aide de deux pilons horizontaux placés de chaque côté. Il ne s'agit que d'un tambour occasionnel, fait et défait selon les circonstances, et qui retrouve chaque fois sa vocation première : alors le son du pilon quotidien qui s'abat en mesure sur les grains à moudre, remplace les sourdes vibrations du tam-tam provoquées par les mains expertes des femmes. *Tende* se distingue donc du tambour de commandement, *ettebel* qui, lui, reste toujours en service car il est le symbole du pouvoir : il ne doit jamais toucher le sol et les forgerons ont seuls vocation à le frapper avec deux battoirs en cuir souple afin de transmettre ordres et messages aux hommes éloignés : il représente la permanence du pouvoir de l'*amenokal* ou chef suprême. *Tende*, au contraire, se transforme, s'habille ou se déshabille au gré des circonstances.

Des femmes, au visage souvent maquillé d'ocre ou de brun brillant, se groupent autour du *tende*, parfois à l'ombre d'un arbre isolé, et font entendre un son régulier et obsédant. Des chanteuses se produisent au rythme du tambour et certaines d'entre elles ont acquis une telle célébrité qu'on vient de loin les entendre : des jeunes gens enregistrent sur cassettes leurs chants préférés, et lorsque leurs activités professionnelles les font voyager, ils écoutent des voix aimées venues d'un campement éloigné.

Issus de tous les points cardinaux, les hommes convergent vers le *tende*, parés de leurs plus beaux atours. Les montures portent la selle décorée à pommeau en croix *(tamzak)*, attachée par des lanières dont les extrémités sont formées de boules en cuir d'où se détachent des cascades de franges finement découpées ; la selle est posée sur un tapis matelassé aux couleurs flamboyantes. Quelques montures portent sur les naseaux un caveçon en métal où se fixe la rêne qui lie l'animal à son maître : ces figures de proue en cuivre, souvent finement ciselées par un forgeron, ne sont pas sans rappeler les bouchons de radiateurs sculptés des voitures luxueuses d'autrefois, indiquant le cap à suivre.

Les jeunes femmes groupées autour du tambour et de la chanteuse battent des mains en mesure et les chameliers essaient de faire suivre à leur monture le rythme de la musique ; c'est à celui qui dirigera le mieux l'animal et certains savent même lui imposer une marche à genoux cadencée. Puis soudain les chameliers partent en course folle au bout de l'horizon, accompagnés par les cris et les hululements des femmes qui encouragent leurs favoris, avant de venir reprendre le carrousel.

Fêtes religieuses

Ces manifestations, tambour et carrousel, sont communes à de nombreuses fêtes tant religieuses que sociales. Les premières, fêtes du jeûne, fête de la Tabaski ou du sacrifice, s'inscrivent dans le calendrier musulman lunaire et, en conséquence, ne se déroulent pas à une date précise du cycle annuel : elles se décalent chaque année de dix ou onze jours et peuvent donc tomber aussi bien en saison des pluies qu'en saison sèche et froide, ou qu'en saison chaude. L'apparition constatée de la nouvelle lune fixe le jour de la célébration : de ce fait, si pour des raisons météorologiques — nébulosité ou vent de sable par exemple — cette apparition

Au son du tam-tam, ce méhariste fait avancer son animal sur les genoux

n'était pas signalée partout en même temps, la fête pouvait être décalée entre deux régions d'un jour ou deux, rarement plus. Aujourd'hui la radio est presque partout présente et la fête est célébrée officiellement à un même moment, jour chômé oblige ; seuls quelques campements éloignés persistent à ne vouloir fêter le nouveau mois que sur le constat fait sur place par une autorité locale incontestée car connue de tous.

La fête religieuse obéit à des rites précis. Une prière collective est organisée le matin, alors qu'habituellement dans les campements chacun prie individuellement de son côté. Dans un espace dégagé, sur un sol sableux préalablement balayé, enclos parfois dans les plus grands campements, les hommes, après avoir revêtu leurs plus beaux habits, s'alignent en longues rangées parallèles, avec à leur tête l'*imam* ou la personnalité la plus qualifiée pour diriger la prière publique. Dans les derniers rangs, les femmes, la tête recouverte, participent discrètement à la cérémonie.

Après la grande prière, chaque famille sacrifie un ou plusieurs moutons. Ces animaux ont souvent été préparés et engraissés en vue de la fête ; depuis leur naissance, certains d'entre eux sont séparés de leur mère et boivent le lait de plusieurs brebis qu'on leur ingurgite de force : on les élève auprès des tentes sans les laisser errer ou gambader librement. Ils atteignent ainsi une taille et un embonpoint remarquables pour le jour prévu de leur immolation.

Solidement tenu au sol par deux ou trois personnes, le cou dégagé est offert au couteau aiguisé du sacrificateur ; entre les tentes, le sang bouillonne et se répand sur le sol. L'animal est suspendu dans un arbre, dépecé et découpé par un forgeron : les morceaux sont distribués selon un ordre reconnu et c'est l'échine, par exemple, qui est réservée au forgeron : il ne ferait pas bon l'oublier si on ne veut pas courir le risque d'être désigné à la vindicte publique.

Fêtes profanes, fêtes locales

Si la rupture du jeûne et la Tabaski constituent des fêtes religieuses connues et partout célébrées dans l'ensemble du monde musulman, il en existe d'autres qui s'inscrivent dans le même calendrier lunaire, mais qui sont propres à Agadez et à l'Aïr. Telles sont les fêtes du Byanou et du Gani qui, l'une et l'autre, possèdent un caractère profane, malgré leur référence à l'Islam. Le Byanou, fête typiquement agadésienne, dure vingt-trois jours et se termine le 9 du mois de Moharem, appelé à Agadez le mois du Byanou. « Les marabouts attribuent cette fête au déluge. Elle serait une manifestation de joie avant l'arrêt des pluies diluviennes. » Agadez est divisée en deux, l'Est et l'Ouest, formant deux parties opposées et rivales ; chacune possède un chef élu par les jeunes, approuvé par le sultan et assisté de dignitaires. « Le 9 Moharem, nous dit encore Adamou Aboubakar (1979:198-200), toute la ville participe à la soirée de la beauté. La nuit tombée, les

Au centre du cercle, les femmes battent le tindé *(tam-tam).*
Les hommes font alors avancer leur méhari, cette danse nommée illougan
en tamacheq consiste à tourner le plus possible et le plus près des femmes

La fin du jour s'annonce mais la fête ne s'arrêtera pas pour autant, les chants se prolongeront tard dans la nuit

Les fêtes sont l'occasion pour les Touaregs de se parer des plus beaux vêtements.
L'homme prend un soin particulier à disposer la forme de son turban (alesho).
Cette cotonnade enduite d'indigo décolore au contact de la peau,
ce qui a fait surnommer les Touaregs les "Hommes bleus"

jeunes et les encadreurs se rendent à Alarsès (à quelques kilomètres au nord d'Agadez), pour festoyer et passer la nuit, enlever des palmes de dattiers qu'ils brandiront le lendemain. Leur retour en ville est un spectacle fantastique. Ils reviennent en dansant, en chantant, en agitant des branches de palmiers et des bannières faites d'étoffes aux couleurs diverses. Toute la ville (femmes, enfants, vieillards) forme deux farandoles rivales qui parcourent toutes les rues pendant la journée... La plupart se costument, les jeunes surtout, qui arrangent leur turban noir en forme de crête de coq, s'arment avec un sabre, poignard et lance et portent par-dessus leurs grands boubous noirs des damara (larges ceintures très décorées). Les deux parties rivales (celle de l'Est et celle de l'Ouest) procèdent à des concours de tambours. » C'est, en effet, une compétition acharnée entre ces deux Agadez, l'orientale et l'occidentale, qui chacune cherche à surpasser l'autre par ses accoutrements, ses comportements et par la force et la beauté de ses danses et de sa musique.

Le Gani est une fête qui correspond à la célébration de la naissance du Prophète. A Agadez, elle se déroule selon un cérémonial dirigé par le sultan ; après la prière, il monte à cheval et, en compagnie de sa cour et suivi de la foule, il parcourt la ville dans une promenade rituelle, marquée par des arrêts en des points précis : il fait, en particulier, trois fois le tour du palais arasé des « sultans jumeaux » qui, selon la tradition, régnèrent ensemble en exerçant chacun successivement le pouvoir pendant une semaine. Le Gani est fêté à Azel, village proche d'Agadez, par les nomades des environs et dans les campements de l'Aïr : c'est une nuit de fête au son du *tende* où les Touaregs, hommes et femmes, peuvent très librement se retrouver.

Le Byanou est une fête urbaine, celle d'Agadez, alors que le Gani est la fête des éleveurs ou jardiniers touaregs de l'Aïr.

Fêtes sociales

Les fêtes sociales — baptême, mariage — ne s'inscrivent pas non plus dans un calendrier précis. L'imposition du nom, parfois improprement appelée « baptême », qui suit de sept jours la naissance, se situe par définition à n'importe quelle saison ; le mariage, par contre, se déroule souvent en saison de pluies car c'est une période où souvent les campements se rapprochent, où l'eau ne fait pas défaut, où les troupeaux vous entourent, où le lait abonde, où l'herbe verte n'est pas encore pourvue de graines épineuses qui entravent la marche, bref une période souvent heureuse où la vie est plus facile. Bien qu'aucune règle n'impose une période ou une date, la saison des pluies est souvent choisie pour toutes ces facilités.

Lorsqu'un mariage est « attaché », que les animaux de la « compensation matrimoniale », souvent appelée « dot » *(taggalt)*, ont été présentés et acceptés par la famille de la mariée, que la tente et tout le matériel domestique destinés au jeune couple sont

Jeune fille de la tribu des Kel Tadele
Région de Kogo - Nord-est de l'Aïr

prêts, une petite troupe de jeunes gens se forme, appelés *Kel Illagatan*, pour chercher l'épouse et la conduire chez son mari. Chez les Iwellemmeden Kel Denneg de la région de Tchin-Tabaraden au Niger, il était de tradition que le groupe se constitue en un gouvernement parodique qui se donne un chef, *amenokal* des *Illagatan* ou « chef des fous », titre qui met bien en évidence le côté burlesque et carnavalesque de cette troupe ; autour du chef est rassemblé comme un petit « cabinet » dont chaque membre possède un titre particulier et un nom attribué à sa charge : l'un d'eux, en général un forgeron, est appelé « âne », et porte les cadeaux le plus souvent réclamés ou imposés aux personnes rencontrées ou visitées. Cette troupe viole délibérément toutes les règles de la bienséance et de la pudeur : certains ne portent pas de turban, se mettent torse nu ou se drapent dans une vieille natte ou dans le morceau déchiré du vélum d'une tente en cuir ; ils s'arrêtent parfois pour prier face à l'Ouest. « Ils mangent en public, au marché ou devant des personnes qui devraient leur imposer une réserve par leur âge ou leur situation. Ils écorchent la langue touarègue... ils arrêtent sur leur route les voyageurs de rencontre et leur demandent de la nourriture ou des cadeaux. » (Bernus, 1981:347-348). C'est une sorte de carnaval réservé à certains acteurs de cette fête et limité à cette courte période.

Les *Kel Illagatan* amènent souvent avec eux un taurillon qui est lâché dans le campement et poursuivi par tous les hommes présents couteau et sabre à la main ; c'est une petite corrida où chacun s'efforce de couper le jarret de l'animal, avant qu'il ne soit égorgé dans les règles.

La tente des mariés a été montée par les femmes du campement ; celles-ci se sont emparées de la jeune épouse pour la parer : ses cheveux sont lavés, coiffés, graissés, tressés ; ses mains et ses pieds sont couverts de henné et empaquetés dans de grandes feuilles pour leur donner la teinte désirée. Comme dans les autres fêtes, le mariage donne lieu à un grand repas, pris séparément par les hommes et les femmes, puis les femmes battent le tambour de leurs doigts fermés et serrés : au rythme de cette vibration lancinante, le carrousel des chameliers s'organise.

Fêtes privées

Toutes ces fêtes officielles, organisées au nom de la religion et de la société, ne rendent pas compte des fêtes privées qui se déroulent dans les campements autour de quelques jolies jeunes femmes. Fêtes souvent appelées « cour d'amour » par référence à notre Moyen Age, et que les Touaregs appellent *abal*. Souvent décrites comme des réunions galantes où toutes les licences sont autorisées, on oublie de préciser qu'elles obéissent à un code très précis.

Abal possède des définitions qu'il convient de garder en mémoire : « réunion galante des jeunes » dit Ghoubeïd dans son Lexique (1980:78), et aussi « grain de beauté » ; le Père de Foucauld, dans son

Femme de la tribu des Kel Tadele
Au cours des fêtes, les femmes touarègues se maquillent et portent de nombreuses amulettes confectionnées par les marabouts

Au son du tindé *(tam-tam), les méharistes s'avancent freinant leur monture à l'approche des femmes - Tribu des Kel Tedele - Aïr*

Femmes battant le tindé *: ce tam-tam est constitué d'un mortier qui habituellement sert à piler le mil. A l'occasion des fêtes, une peau humidifiée est tendue, ce qui le transforme en un instrument de musique*

célèbre Dictionnaire, est plus précis et plus complet dans la très longue notice qu'il consacre à *ahal* (1952, t. III:559-564). « Les vrais acteurs de l'*ahal* sont les hommes et les femmes qui pratiquent l'*asri* « liberté des mœurs », c'est-à-dire les femmes actuellement non mariées, ne vivant pas dans la pénitence (aucune ne vit dans la pénitence dans joueuse de violon, elle joue et les hommes l'accompagnent en répétant en cadence le son *ho-hôo* ; quelquefois les hommes récitent ou chantent des vers ; quelquefois on joue à des jeux d'esprit. C'est là une partie de l'*ahal* ; pour certains de ses acteurs, c'est la seule, et l'*ahal* se borne pour eux à ce divertissement décent ; pour d'autres, l'*ahal* est

A l'occasion des grands rassemblements, les femmes organisent des courses d'ânes - Région d'Agadès

l'Ahaggar), et en âge d'être courtisées, et les hommes non mariés, ne vivant pas dans la pénitence (aucun ne vit dans la pénitence dans l'Ahaggar), ou mariés mais éloignés de leurs épouses, et en âge de courtiser... Ils se réunissent chaque soir à la tombée de la nuit, soit en plein air à quelques pas du campement, soit dans la tente d'une femme vivant seule, soit dans une tente spéciale que les parents font dresser exprès pour l'*ahal*. A mesure qu'ils arrivent, les jeunes femmes et les jeunes hommes s'asseyent les uns contre les autres, se mêlant. On cause, on plaisante ; s'il y a une mêlé d'*asri* « liberté des mœurs » ; ils font, entre hommes et femmes, des attouchements très libres et se donnent des rendez-vous pour le reste de la nuit. L'*ahal* cesse à l'heure de la traite du soir (heure de la nuit close, environ deux heures et demie ou trois heures après le coucher du soleil) ; à cette heure, chacun retourne à sa tente pour le repas du soir... Parfois de jeunes hommes font plus de deux cents kilomètres pour passer quelques jours en visiteurs dans un campement où il y a un *ahal* agréable. »

Les voyageurs, au cours de longs parcours

solitaires dans des décors désolés, évoquent souvent le campement de jeunes femmes aimées qui dirigent des réunions galantes réputées. Ils expriment dans des vers cette nostalgie :
« Le violon de Tahart et celui de Tehit attisent le feu dans mon cœur, ils me tuent. » (Foucauld, t. I, 116).

Un homme qui voyage est constamment aux prises avec son imagination et ses fantasmes :
« Cette clarté de la lune, ô mon méhari brun-rouge, s'unit bien à ton pas lent et cadencé.
L'œil veut la vue de la personne aimée ; l'amour est un coquin qui ne fait pas mourir et ne laisse pas vivre. » (t. I, 162).

Un voyageur, impatient d'un retard causé par un compagnon de route, s'écrie :
« Il est certain que j'ai de la réunion galante et du violon un désir
pareil à celui qu'ont du butin les guerriers d'un rezzou parti pour en chercher. » (t. I, 536).

Les femmes, elles aussi, restées dans les vallées qu'elles ne quittent guère, ne peuvent oublier les absents qui affrontent tant de dangers :
« J'unissais les pleurs bruyants aux larmes, pensant aux pauvres petits qui se sont jetés dans les périls. » (t. I, 460).

Même si l'*ahal* réunit des femmes et des hommes libres de mœurs, il existe des convenances à respecter. Ces réunions sont souvent dirigées par une femme, élue présidente par les personnes présentes : elle sera chargée de régler les différends et de faire respecter les conventions établies.
Dans un poème, une femme exprime son mécontentement :
« Maintenant, les langues des hommes font fausse route ;
le feu des disputes criardes est dans leurs bouches ;
....
Vous faites bien voir que vous n'êtes pas comme il faut.
Je regarde comme au-dessous de moi ces réunions galantes où je me trouve avec des hommes grossiers comme des esclaves sous une même tente qu'eux. »

Cette pièce (t. II, 63-64), intitulée « Manque de courtoisie à l'*ahal* », montre bien que les réunions galantes doivent respecter certaines convenances.

Les voyages, autrefois les expéditions lointaines, les rezzous, aujourd'hui encore les caravanes commerciales, mais plus souvent les migrations du travail, les affectations administratives ou même les études, entretiennent le désir de se retrouver à l'occasion de fêtes. Des étudiants ou des stagiaires en France reviennent parfois à leurs frais pour la nomadisation de saison des pluies à l'occasion de la « cure salée » : ils veulent connaître à nouveau la chaleur du campement et la joie des fêtes : ils pourront se retrouver enturbannés d'indigo, participant au carrousel des chameaux, après avoir raconté leurs aventures lointaines.

*Lors des fêtes, les femmes harnachent leurs ânes de multiples coussins colorés (*sabaras *et* issabaran*)*

La course de méharis est l'occasion pour le nomade de montrer son habileté et la finesse du dressage de son animal. Touareg Kel Owey

Course de méharis - Tribu des Kel Tadele

*Au cours de l'*Illougan *(danse du chameau), les femmes battent le* tindé
(tam-tam), le méhari avance au pas cadencé appelé en tamacheq sénat-sénat

Femme sur son méhari - Région d'Agadès

Le méhari est plus qu'un moyen de transport pour le nomade, il est sa fierté.
Proverbe touareg : « ô, mon chameau, ton poitrail est large et robuste
et ta bosse lourde de graisse. Mieux que tout autre, tu portes ta charge,
va, il y a un point d'eau devant nous. Va, tu pourras bientôt étancher ta soif »

Jeune garçon touareg sur son méhari.
Au premier plan, la selle touarègue à pommeau en croix (tarik *en tamacheq*)

De ses 27 mètres de haut, le minaret d'Agadès datant du XVIe siècle domine la grande mosquée. La ville est le point de rencontre des populations sahariennes et celles de l'Afrique noire

10

AGADEZ, carrefour de l'Afrique saharienne

Odile Dayak

Agadez, carrefour des grandes voies commerciales de l'Afrique saharienne, est de par sa situation géographique une ville issue de la rencontre de peuples divers. Au pied des montagnes de l'Aïr, à l'ouest du Ténéré, Agadez est le passage et l'escale obligatoires des caravanes sahariennes et soudanaises, et des voyageurs de tout temps. On y trouve des Haoussas, des Touaregs, des Songhays, des Peuls, des Toubous, ainsi que des Arabes venus du Nord.

Les Haoussas s'installèrent dans la ville d'Agadez, après avoir été chassés par les Touaregs des villages qu'ils occupaient dans l'Aïr et dont on peut voir encore aujourd'hui les ruines.

Les Touaregs d'Agadez seraient les descendants des tribus qui auraient installé le sultan de l'Aïr.

Quant aux Arabes, ils sont originaires du Fezzan et de la Tripolitaine et se sont installés à Agadez pour y faire du commerce.

Agadez, cité des sultans de l'Aïr, aurait été créée par le premier sultan. Après les monts Bagzans (plateau culminant du massif de l'Aïr, région agricole capitale pour l'économie du fait des nombreuses sources permettant d'importantes cultures maraîchères), Assodé (ville située entre Timia et Iferouane où l'on peut voir aujourd'hui d'impressionnants vestiges) et enfin Tadéliza (petit village de l'Aïr situé à une trentaine de kilomètres à l'est d'Agadez), le site définitif du palais des sultans a été fixé à son emplacement actuel, au cœur de la ville d'Agadez. Selon la légende, une lance miraculeuse aurait été jetée afin d'indiquer la meilleure place pour la cité des sultans. Après sept jours de recherches, la lance fut retrouvée et le sultan décida de construire son palais là où elle s'était fichée. Une théorie plus scientifique suppose la création de la ville d'Agadez par les Goberawa, peuple haoussa vivant autrefois dans l'Aïr. Les Haoussas sont un peuple de race noire actuellement installé sur la frontière nigéro-nigériane. Ce sont de grands commerçants.

L'importance d'Agadez ne fut reconnue qu'au XVe siècle par les auteurs arabes, au moment de l'installation du sultanat de l'Aïr. En 1526, Léon l'Africain mentionne la ville d'Agadez dans ses récits.

La tradition orale conservée dans les « Chroniques d'Agadez » raconte l'histoire de l'installation du sultan d'Agadez :

« Autrefois les Touaregs de l'Aïr payaient un tribut annuel au sultan du Bornou, qui consistait à faire cadeau à ce grand chef d'une jeune fille choisie parmi les plus jolies. Le tribut était remis chaque année à son représentant, Ako Gama. Or, une année, Ako Gama fut tué par un Touareg nommé Aghali, de la tribu des Kel Tedene, qui refusait que sa sœur Wayir Zagane soit promise au sultan bornouan. Ce dernier, pour venger son représentant, organisa une vaste colonne. Les Touaregs se réfugièrent alors dans les monts Bagzanes, réputés être difficiles à franchir. Cernés depuis un an, ils résolurent, pour se débarrasser de leurs adversaires, d'employer un stratagème visant à démontrer au chef bornouan la vanité de ses efforts pour les réduire à la famine. Ils gavèrent trois chamelles, la première de mil, la seconde de blé et la troisième de dattes, et les chassèrent vers leur ennemi, dont la seule ressource était les fruits du palmier doum. Les Bornouans s'en emparèrent et les tuèrent. Ils furent très surpris de trouver dans leurs entrailles des aliments encore tout frais. Cette découverte découragea le sultan du Bornou qui mit fin au siège et retourna dans son pays.

Aussitôt après le départ des Bornouans, les Touaregs tinrent conseil et décidèrent d'envoyer une délégation à Stambol (Istanbul) (1) afin de demander au sultan de choisir un souverain pour leur région. La délégation, comprenant cinq cents personnes, se mit donc en route. Soixante-dix seulement parvinrent à destination, où ils restèrent longtemps sans pouvoir contacter le roi. Au cours de cette longue attente, soixante-trois membres de la délégation moururent encore. Les sept survivants, conseillés par un forgeron sur le meilleur moyen d'obtenir un entretien avec le roi, s'en furent, un vendredi, du côté du palais et, après la grande prière de cette journée, se mirent à crier, afin d'attirer sur eux l'attention de la garde royale. Ainsi les sept Touaregs furent traduits devant le sultan. Celui-ci, après les avoir écoutés, fut très touché de la façon dont ils avaient été opprimés sur son territoire. Il les fit relâcher et accepta de leur donner l'un de ses fils pour souverain, ainsi qu'ils le lui demandaient.

(1) Question sur l'origine réelle du premier sultan de l'Aïr : est-il originaire d'Istanbul en Turquie, comme on peut le lire dans de nombreuses études sur Agadez, ou bien du village de Stambol, ville haoussa au Sud, proche de Doguerawa, d'où est issue la famille de l'actuel sultan ? Concernant cette intéressante question, on peut se demander pourquoi les Touaregs seraient allés chercher leur roi si loin alors que leurs relations politiques et commerciales les tournaient plutôt vers le Sud. D'autre part, la vie culturelle du sultanat est totalement haoussa et non arabe (le sultan actuel est haoussa), ce qui semblerait confirmer la seconde hypothèse.

Grand marché d'Agadès

De retour chez lui, le sultan consulta ses épouses légitimes qui toutes refusèrent de laisser partir leur fils vers ce pays inconnu. Il ne put obtenir que Younous, fils de sa première femme captive (depuis, la tradition de la succession au trône veut que le sultan soit toujours le fils d'une femme captive).

Le roi convoqua une assemblée au cours de laquelle il remit son fils Younous aux sept Touaregs, leur précisant qu'il leur était « confié » (« amana ») et devait être leur « protégé » (taghlaf). (Selon la tradition, on peut abuser de la confiance d'une personne mais accepter une protection est une chose sacrée). Une escorte de quatre cents personnes fut donnée au jeune prince qui quitta son pays pour l'Aïr. »

Au XVIe siècle, Agadez va connaître une grande période de prospérité, due à la pacification engendrée par la présence du sultan dans la ville. La région était alors secouée par les nombreuses rivalités tribales entre Touaregs. Grand arbitre, le sultan avait pour rôle de régler les différends entre tribus, d'organiser les caravanes vers le Kawar et d'en assurer la protection contre les razzias.

Agadez se trouve être alors le point de rencontre des circuits caravaniers entre l'Afrique du Nord et l'Afrique du sud du Sahara (les caravanes reliant l'Egypte à la boucle du Niger y transitaient). Elle est également la plaque tournante du trafic, depuis l'empire du Mali vers le Fezzan et l'Egypte, et depuis les états haoussas vers les oasis du Kawar, du Fezzan et de la Tripolitaine. Du fait de l'activité commerciale de la ville à cette époque, le sultan, qui percevait des taxes sur les marchandises, était très riche.

En 1515, l'Askia Mohamed, empereur songhay, tente de conquérir la région de l'Aïr, dont il avait remarqué la prospérité à l'occasion d'un pèlerinage à La Mecque. Jusqu'à la fin de l'empire songhay en 1591, Agadez devra alors payer un tribut au souverain de Tombouctou. Dès cette époque, des groupes d'origine songhay font leur apparition dans le sud-ouest de l'Aïr, à In Gall et Agadez. Ils parlent une langue proche du songhay, la « tazawak », mélange des trois langues haoussa, tamasheq et songhay. Ce sont des Igdalen.

Cette époque de grandeur et de prospérité est également marquée par l'arrivée à Agadez de grands personnages religieux, comme en témoigne aujourd'hui la présence de mausolées, tombes et sanctuaires (le plus célèbre monument datant de cette époque est le minaret de la mosquée de Zakarya, en plein centre de la ville).

Cette grande et faste période durera jusqu'au XVIIe siècle, qui marquera le début d'une grande déchéance.

Pendant tout le XVIIe siècle, la vie dans l'Aïr sera marquée par d'incessants conflits entre les trois grandes confédérations touarègues qui peuplent la région : les Kel Owey, les Kel Gress et les Kel

Adossé à une maison d'architecture haoussa, un petit magasin d'Agadès

Ferwan. Conflits lourds de conséquences pour la ville d'Agadez... L'insécurité freine alors le commerce caravanier entre le Nord et les pays haoussas.

Le XVIIe siècle agadézien sera également marqué par la conquête de l'Ader (région haoussa du centre sud de l'actuel Niger) par le sultanat, ainsi que par de nombreuses expéditions guerrières contre les régions haoussas du Sud. Ajoutés à une période de sécheresse et de famine, tous ces conflits créèrent à Agadez un climat de désordre politique.

Ce climat de désordre et d'insécurité ne fera que croître durant le XVIIIe, XIXe et début du XXe siècle, époque de la pénétration coloniale.

Les récits des premiers explorateurs européens à Agadez (fin du XIXe siècle), comme Henry Barth, décrivent une ville en ruine, et Edwin de Barry parle dans ses textes d'une épidémie de variole.

A cette époque, le trafic caravanier est déjà très limité, les relations commerciales avec le Mali n'existent plus. La seule caravane encore assurée est la caravane de sel, qui effectue le trajet pays haoussa-Kawar et transite par Agadez.

Agadez qui, à son apogée, comptait une population de 70.000 habitants, ne compte plus que 5.000 personnes à peine, au passage de la mission Foureau-Lamy en 1899. Les troubles vont encore s'amplifier avec l'arrivée des Français dans cette partie de l'Afrique.

L'Aïr et les Touaregs en général, contrairement aux régions avoisinantes, resteront hostiles et activement opposés à la soumission au gouvernement français. Un grand nombre de Touaregs du Damergou (région au sud du Niger occupée par les Français) rejoindront les confédérations de l'Aïr et résisteront à l'occupant.

Jusqu'en 1906, les Français, qui attendent la conférence d'Algésiras sur le partage des terres africaines entre les pays européens, ne risquent aucune action contre les régions au nord de l'actuel Niger et en particulier contre l'Aïr, car ils craignent tout accrochage avec les Touaregs. Ceux-ci, en sécurité dans leurs montagnes à l'accès difficile, refusent toute forme de subordination. Les Français se contentent donc d'assurer la sécurité des grandes caravanes de l'« Azalaï » à travers le Ténéré.

1906 marque le début effectif de la présence militaire française dans cette région, notamment à Agadez, qui devient alors un poste militaire.

La première guerre mondiale fournit aux Touaregs l'occasion de déclencher un grand mouvement de révolte contre la colonisation. Un mouvement général unit alors tous les Touaregs, aussi bien de l'Aïr que du Hoggar et du Mali, ainsi que les Iullimiden de la région de Tahoua. Les Touaregs se rallièrent au Fezzan, partenaire économique de longue date qui, du fait de l'occupation turque, se trouvait allié à l'Allemagne.

A l'occasion de ce conflit, un Touareg de l'Aïr, Kaocen, se distingua par son courage et son efficacité et réussit à obtenir l'aide de la Senoussya, puissante confrérie musulmane du Fezzan, pour diriger la révolte des Touaregs. Afin de mener à bien

Sa Majesté Ibrahim Oumarou, Sultan de l'Aïr et d'Agadès

la lutte de l'Aïr, Kaocen rechercha l'alliance du sultan d'Agadez, Tagama, qui avait été très généreux pour les habitants de la ville lors de la grande famine de 1914.

La révolte de Kaocen débuta par une période très dure pour les Français, durant le siège du poste militaire d'Agadez qui dura environ trois mois. C'est à cette époque que le sultan d'Agadez fit construire une demeure pour Kaocen, devenue l'actuel hôtel de l'Aïr. La fin du siège d'Agadez ne découragea pas les rebelles qui se réfugièrent dans les montagnes escarpées des Bagzanes.

Abandonné peu à peu par les différents groupes de Touaregs, Kaocen fut obligé de se replier vers le Ténéré, en direction du puits d'Achegour, pour rejoindre le Fezzan. Le 5 janvier 1919, il fut arrêté et exécuté par un détachement turc. Quant au sultan Tagama, il fut arrêté dans la région de Djado, transféré à la prison de Zinder puis à celle d'Agadez où il fut retrouvé étranglé dans sa cellule, au matin du 30 avril 1920.

Ces événements marquèrent la fin du mouvement de révolte touarègue.

Agadez subit dès lors une dure répression de la part des autorités françaises, lesquelles massacrèrent une grande partie de la population. En raison de l'insécurité régnant dans la région, tout trafic caravanier fut interrompu, réduisant la ville à la famine. Une atmosphère de suspicion générale empoisonnait Agadez.

Après un lent et difficile retour au calme, l'administration française chercha à ramener l'Aïr à une vie politique et économique normale. Tout d'abord, il apparut nécessaire de redonner une apparence d'autorité au sultan, qui devint un intermédiaire entre l'administration française et les confédérations touarègues.

Agadez resta toujours un poste militaire important, responsable de la circonscription du sud de la colonie. A la veille de l'indépendance, Agadez ne comptait que 4.737 habitants.

La ville mit très longtemps à se remettre de sa longue période de crise, et c'est en fait la reprise des activités de la caravane de sel qui lui permit de prendre un nouvel essor. La caravane du Hoggar, interrompue elle aussi par les conflits, reprit également ses activités, apportant à Agadez de quoi approvisionner le marché. Peu à peu, la ville retrouva son rôle de carrefour commercial et les commerçants revinrent s'y installer.

Le développement de l'agriculture dans l'Aïr permit également d'enrichir la région, grâce aux denrées d'échange qu'elle fournit aux caravanes. Aujourd'hui encore, bon nombre de Touaregs de l'Aïr tirent leurs ressources du jardinage dans les oasis.

A partir de cette période, le mouvement migratoire vers Agadez ne cessa plus, favorisé par la découverte de ressources minières dans la région et, aujourd'hui, par l'engouement touristique pour le désert. Agadez doit à présent faire face au problème de la sauvegarde de son patrimoine historique et architectural, ainsi qu'à la nécessité de s'adapter à des conditions de vie plus modernes, imposées par une croissance démographique très forte.

Agadez aujourd'hui

Encore aujourd'hui, Agadez reste une étape importante du trafic caravanier au Niger. C'est là que transitent les caravanes du Sud à destination de Bilma, où elles vont chercher le sel et les dattes. Agadez reste encore un grand carrefour commercial et ses marchés sont très animés.

De nouvelles activités se développent, en relation avec le nouvel essor touristique de la région. Parallèlement à l'activité de plusieurs agences de voyages, Agadez regorge d'artisans qui offrent aux nombreux visiteurs des objets d'une qualité rare. Profondément respectueux de leurs traditions culturelles et conscients de la richesse de leur art, les artisans agadéziens sont des artistes dont l'esprit créateur et inventif ne cesse de transparaître dans leurs ouvrages. La spécialité artisanale d'Agadez reste avant tout le travail du cuir par les femmes (sacs de selles de chameau superbement décorés, ainsi que coussins aux couleurs vives) et la création de bijoux en argent. L'odeur du métal en fusion, le charbon qui rougeoie sous l'action du soufflet, les volutes sucrées s'échappant d'une théière abandonnée au bord des braises tandis qu'un vieux poste de radio laisse deviner le son d'une musique de « tende »... telle est l'atmosphère d'Agadez ! Délicatement, Ahmed saisit, de ses longues pinces, un creuset posé sur les braises dans lequel il a fait fondre l'argent. Il en verse le contenu dans une forme de terre cuite qui, une fois cassée, laissera apparaître une ébauche de pendentif. Ceci n'est que le prélude à un minutieux travail de ciselage et polissage qui aboutira à ce merveilleux bijou qu'est la croix d'Agadez, le bijou le plus symbolique des Touaregs, qui l'appellent « teneghelt ».

Certains y ont vu une croix chrétienne correspondant à l'origine berbère des Touaregs, d'autres un symbole de fécondité, d'autres encore une parenté avec de vieux bijoux de l'Egypte pharaonique, ou encore une représentation de la constellation de la Croix du Sud qui veille sur la route des caravaniers du désert. Beaucoup de suppositions ! Mais qu'importe, c'est surtout le bijou que les Touaregs aiment plus que tout autre.

Inspirés de la croix classique, une multitude de bijoux nouveaux prennent forme sous les doigts créateurs des forgerons, comme, entre autres, la série des vingt et une « croix du Niger ». Parmi celles-ci, quatre sont des bijoux traditionnels : les deux croix dites d'« Agadez et Iferouane » (teneghelt), la croix d'« Ingall » (tenfouk n'azereft) et la croix de « Zinder » (Talakhimt). Les autres sont le fruit de l'imagination des artisans.

Un grand collier de fête, appelé « tadenit » (dans certaines régions on l'appelle « agrou » : la « grenouille ») s'inspire lui aussi de la traditionnelle « croix d'Agadez ». Le pendentif, la croix simplifiée, est monté sur un collier de perles octogonales en

Façade de maison à Agadès - Architecture haoussa

argent ciselé (« neguenegue »), en alternance avec des perles tubulaires également en argent (« ismamanes ») qui entrent dans la composition de beaucoup de colliers courts.

Le « tenfouk», pendentif en agate, est généralement porté en même temps que les croix en argent, sur le même lien de cuir finement tressé par les femmes forgeronnes. Certaines femmes attribuent à cette pierre un pouvoir magique qui agirait contre le « mauvais œil ». Il ne s'agit pas d'un bijou fabriqué par les Touaregs mais d'un bijou indien rapporté par les pèlerins de La Mecque, donc un bijou typiquement musulman.

Le « Tchirawt », ou talisman, est un bijou en argent repoussé. De forme carrée, la boîte formée par le creux du bijou sert à enfermer des phrases du Coran écrites par des marabouts et considérées comme des porte-bonheur. C'est un bijou porté par les hommes. On trouve une multitude de « tchirawt » différents, du plus simple, en mauvais argent, plat et peu décoré, aux talismans en argent fin, richement décorés, à étages, et rehaussés de perles d'argent, parfois même incrustés de clous d'or.

Une série de poinçons préformés pour tous les motifs de décoration sont utilisés par les artisans. Certains les fabriquent eux-mêmes, d'autres les achètent aux forgerons spécialisés dans leur fabrication.

Aujourd'hui, à Agadez, on dénombre vingt-quatre modèles de poinçons différents. Citons, entre autres, la « trace du chacal », l'« œil du caméléon », les « dents », le « faon », la « pintade », la « sandale »...

Les femmes des campements, qui depuis toujours tressent les nattes destinées à la fabrication des tentes, se sont adaptées elles aussi au marché touristique, et proposent des objets en vannerie d'un raffinement et d'une beauté saisissants (sacs, sets de table, suspensions, boîtes...).

En conclusion, notons qu'Agadez, grâce à la conservation de ses activités traditionnelles et à ses facultés d'adaptation et d'ouverture au monde extérieur, a su garder son caractère typique de ville saharienne, tournée vers l'Europe au nord et l'Afrique noire au sud. C'est une ville très animée où se rencontrent des peuples d'origines diverses, peuples auxquels s'ajoute la population des touristes qui, eux aussi, choisissent Agadez comme étape dans leur voyage.

La vieille ville, autour de la mosquée et du palais du sultan, garde le souvenir des temps anciens, dans le dédale des petites rues utilisables par les seuls piétons. On y croise des nomades et leurs chameaux, venus des régions avoisinantes pour vendre un animal ou pour acheter les provisions du campement, ainsi que des touristes photographiant les façades décorées des vieilles maisons. Des vieux, assis sur le pas de leur porte, buvant du thé en racontant des histoires d'autrefois, regardent passer avec philosophie cette population cosmopolite qui fait le charme d'Agadez.

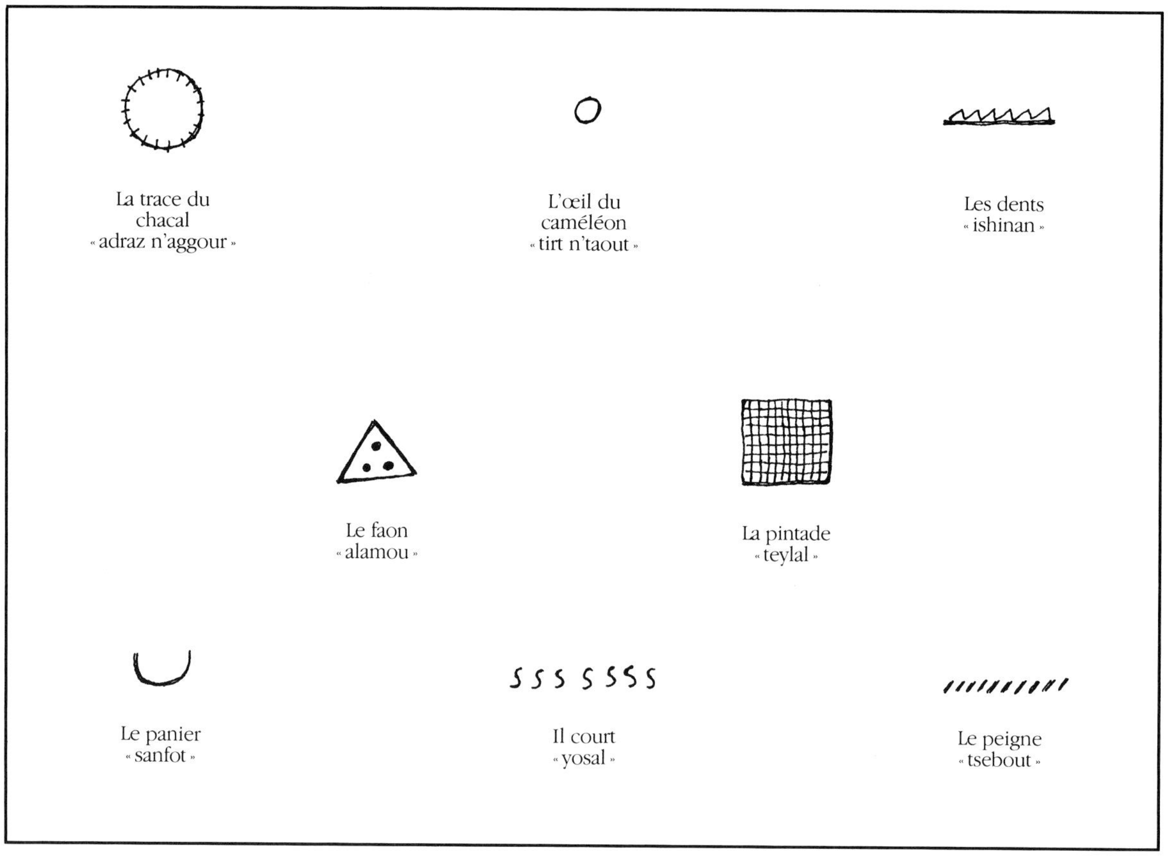

Petite boutique d'architecture haoussa - Agadès

KAOSEN (KAOUSSAN, KAOCEN)

« Kaoussan ag Mohammed wa-n Tegidda naquit au Damergou vers 1880 dans une fraction de la tribu touarègue des Ikazkazan, dénommée Iguirnazan. C'est un « Targui (...) grand, ni gros ni maigre, ayant de fortes moustaches noires (...), il ne porte pas le voile comme les Touaregs. Sa peau est franchement noire. Il parlait couramment l'arabe et bien sûr le tamasheq ; c'était un homme âgé de 45 ans environ », nous dit André Salifou, citant le négociant tunisien Allane, prisonnier de Kaosen, dont il fut le secrétaire (Kaosen était illettré en français) et le témoin privilégié.

Kaosen fait partie des Touaregs qui, dès 1901, préfèrent fuir au Kanem (nord du lac Tchad) plutôt que d'accepter la tutelle de l'occupant français, après que la place forte de Tanamari ait été enlevée et que Moussa, chef des Immouzourag et du Damergou, ait été tué au cours de l'assaut. Les Kel Geres, battus à deux reprises par Gouraud à Zanguébé et à Galma et qui n'acceptaient pas la paix de Tamaské offerte par leurs vainqueurs, suivirent le même mouvement.

Après une nouvelle défaite au Kanem par les troupes françaises venues de Fort-Lamy, et la mort de Khanjer, neveu et successeur de Moussa, les Touaregs, dans leur grande majorité, prirent la route de l'ouest : à leur retour, les principaux chefs firent leur soumission à Gouré.

Quelques irréductibles, dont Kaosen, partirent vers l'Est et se dispersèrent dans le Ouadaï, le Darfour et jusqu'au Kordofan. Kaosen se déplace de l'Ennedi au Borkou et au Fezzan. Il s'affilie à la secte senoussiste en 1909. Il a pu réunir des troupes et il possède des canons laissés par les Italiens : il entretient une correspondance avec le sultan d'Agadez Tegama qui prépare l'attaque surprise du poste et fait bâtir à son intention une riche demeure, l'actuel « Hôtel de l'Aïr ».

Le siège d'Agadez, commencé le 14 décembre 1916, surprend la garnison : elle résiste cependant quatre-vingts jours aux assauts, aux tirs du canon, jusqu'à l'arrivée de la colonne venant de Zinder. Dès lors les opérations se poursuivent dans l'Aïr.

Kaosen passe de l'Aïr au Damergou, qu'il razzie, puis est refoulé plus à l'Est dans l'Alakos, avant de remonter en Aïr : il livre une guerre de nomade en évitant les batailles rangées. Toujours plus à l'Est, Kaosen et le sultan Tegama cherchent refuge au Tibesti, avant de trouver asile chez le Bey de Mourzouk, qui fait tuer Kaosen en 1919.

Kaosen « avait certainement une personnalité sortant de l'ordinaire. Jusqu'au bout, il resta notre ennemi irréductible, mais on ne saurait lui dénier : énergie, ténacité, bravoure, talents militaires. » (Riou, 1968:118).

Kaosen, dans la révolte, fut l'âme de la résistance à la pénétration coloniale. Il fit éclater les cadres politiques touaregs traditionnels : envoyé du grand Senoussi de Koufra, il mena une guerre sainte. Il sut étendre son mouvement au-delà de son peuple et de son pays.

Dufour (J.-L.) 1987. La révolte de l'Aïr (1916-1917) Paris, centre d'Etudes sur l'histoire du Sahara. 262 p.

Intérieur sculpté d'une maison d'Agadès

Forgeron d'Agadès fabriquant un bijou d'argent

Chez les Touaregs, les bijoux ont une valeur de prestige, de dot et de réserve financière. Le Tchérot est porté par les hommes et par les femmes, il contient des versets du Coran ou des talismans

Le Khomissar symbolise par ses triangles la main ; il éloigne le mauvais œil et, lorsque les triangles d'argent sont remplacés par des coquillages, il devient symbole de fécondité

Quelques variétés de Croix du Sud. Chaque village a sa croix et la plus célèbre est celle d'Agadès

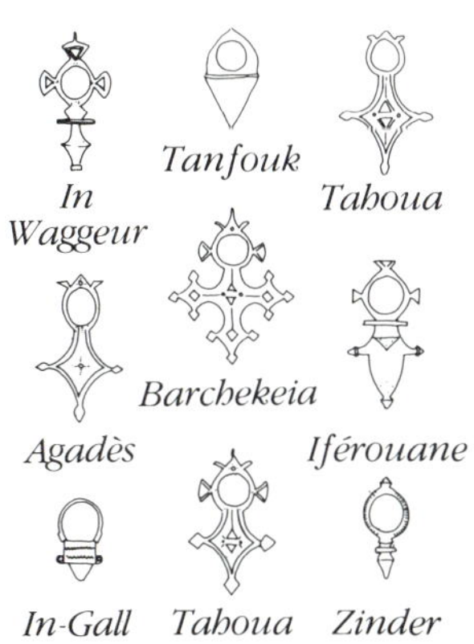

188

Début de danse en cercle Ruumi

11

LES BOROROS
nomades Peuls du Niger

Patrick Paris

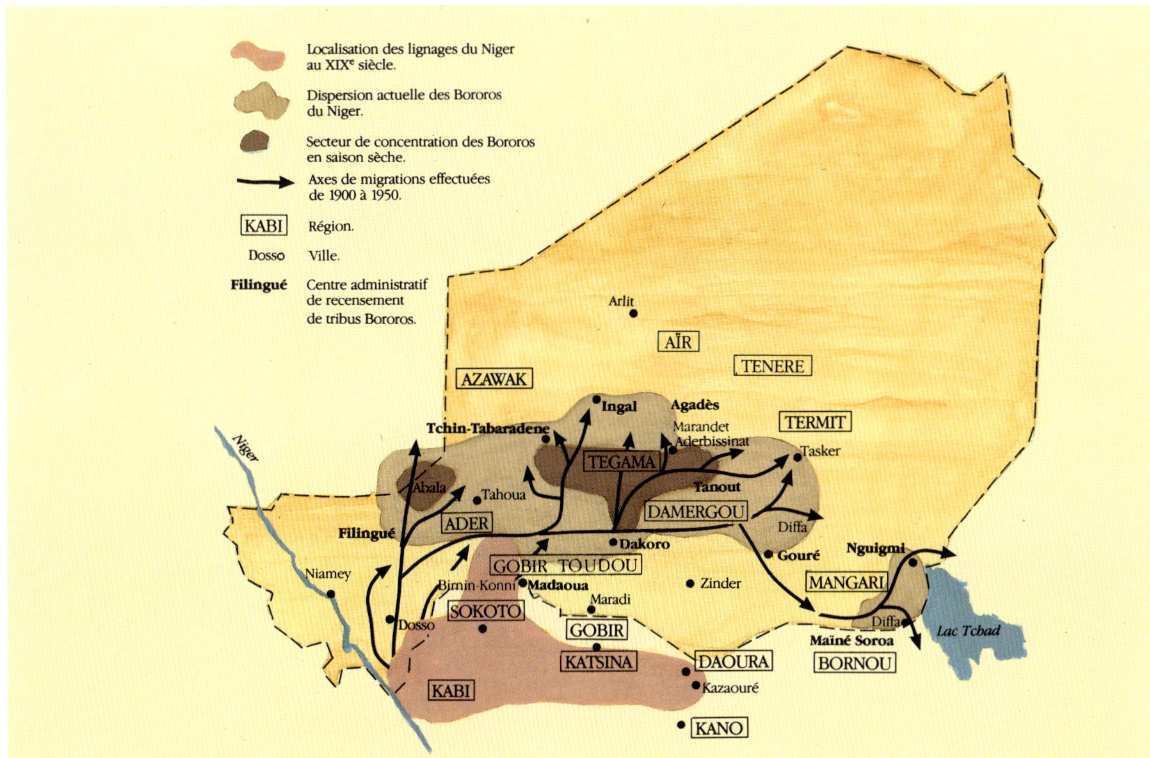

Ceux que l'on appelle communément Bororos au Niger sont pour la plupart des *Vodaabe* — Bodaado, au singulier —, important groupe peul que l'on retrouve aussi à l'ouest, au Sénégal et en Mauritanie, et du sud à l'est, au Nigeria, Tchad, Cameroun, Soudan et en République Centrafricaine (1).

En français, l'emploi de Bororo s'est imposé dès les premiers écrits ethnographiques. Il correspond à une classification exogène des différents groupes peuls de la région, par les Haoussas d'abord, puis les autres ethnies parmi lesquelles vivent les Peuls : Djermas, Touaregs, etc. Aussi insatisfaisante ou imprécise qu'elle soit, cette terminologie ne doit pas plus choquer que le recours à « Peuls » pour *Fulbe*, « Touaregs » pour *Imajeghen* ou *Kel Tamajaq*, « Toucouleurs » pour *Toorobbe*, etc. Quitte à déplaire aux cuistres comme aux authentiques puristes, nous nous plierons ici à un usage établi.

(1) Bibliographie de base :
- Marguerite Dupire. « Peuls nomades ». Institut d'Ethnologie. Paris, 1962
- Angélo Bonfiglioli. « Dudal ». Cambridge University Press. Maison des Sciences de l'Homme. Paris, 1988.

Les Bororos d'Azbin et Ténéré

Cinq, sept mille ? L'imprécision des statistiques les concernant fait partie de l'identité de ces pasteurs et il est difficile de savoir combien, des soixante-quinze mille — cent mille ? — Bororos nigériens, nomadisent ou transhument régulièrement entre « leur Ténéré » et le Tadrast, portion nord du plateau du Tegama, au sud de la falaise de Tigiddit. Selon les années et les saisons, ils se déplacent entre le 16e et le 17e parallèle nord, qu'un petit nombre dépasse parfois.

Ils sont les plus septentrionaux des Peuls pasteurs du Niger. Culturellement, socialement, ces éleveurs de bovins appartiennent à une tribu bien connue du grand public. Ils constituent les fractions les plus avancées au nord de lignages principalement déployés dans les secteurs pastoraux mitoyens du sud-ouest au sud-est, Tchintabaraden-Abalak (*Gojanko'en* et *Biikorony'en*), Dakoro (*Yaamanko'en, Kasawsawa, Biikorony'en, Bii Hamma'en*), Tanout (*Jiijiiru, Yaamanko'en, Kasawsawa*). Seuls les *Bii-nga'en* se trouvent presque tous dans cette région qui fait partie du département d'Agadès.

Tous continuent d'entretenir des relations

sociales étroites avec leurs parents plus méridionaux. Ce groupe migratoire ne s'est pas constitué en un ensemble socioculturel particulier, contrairement à ce que l'on peut observer au nord de Filingué chez les Shahidooji, ou vers Diffa-Nguigmi.

Des mariages sont encore arrangés par les familles entre enfants du Nord et du Sud, et les armes essentielles est la beauté humaine, définie comme pureté raciale.

Le Ténéré des Bororos

Les Bororos ont emprunté à leurs voisins touaregs le mot *teneere*. Ils désignent ainsi le désert proprement dit ainsi que ses lisières méridionales nord-est et la falaise de Tigiddit au Sud, arc de cercle d'une dénivellation de 60 à 70 mètres » (2). C'est cette plaine argileuse que les Bororos appellent indifféremment « Karal Azbin » ou « Teneere ».

« Au matin ils descendirent les dents de la falaise rocheuse et arrivèrent dans la plaine du Ténéré,

mouvements de transhumance des uns et des autres les amènent à converger vers les mêmes secteurs où ils se côtoient pendant quelques semaines, en général en fin de saison des pluies, entre la vallée du Tadist et l'ouest de la falaise, vers Ingal. C'est alors qu'ont lieu les cérémonies inter-lignagères, *daddo* ou *ngaanyka*. Articulées autour de la célèbre danse *geerewol*, elles sont l'occasion pour chaque lignage de se voir renouveler par l'autre un pacte d'alliance fondé sur la reconnaissance mutuelle de l'aptitude à s'affirmer et être considéré comme Bororo, à l'issue d'assauts symboliques où l'une des

et occidentales, où certains d'entre eux mènent leurs troupeaux plus ou moins temporairement, du nord d'Ingal au sud-ouest du massif de Termit, vers Tasker.

Cependant, peut-être improprement en regard de l'étymologie touarègue, le Ténéré des Bororos ce fut d'abord et c'est surtout la vallée d'Agadès, « l'Eghazer-wan-Agades » des Touaregs et d'Edmond Bernus, « domaine de la planéité, où seuls quelques îlots gréseux servent de repère et flottent sur l'horizon, émergeant de la nappe de mirages qui les cerne. Cette plaine s'étend entre l'Aïr au nord et

Karal teneere. *Les femmes portaient sur leur tête les calebasses hautes qui servaient à l'époque au transport de l'eau — on n'avait alors ni outre ni âne.*
Ils avançaient et le soleil était haut quand une esclave affranchie s'écria : « de l'eau, une mare, là devant, partout ! » et aussitôt renversa l'eau boueuse puisée la veille ! Elle ne savait pas que c'était la plaine

---

(2) Edmond Bernus. « Touaregs Nigériens ». Orstom. Paris, 1981.

sèche qui captait le soleil. o anndaano dum karal jabata naange. »

La découverte de la plaine d'Agadès eut lieu autour de 1920, pour les premiers Bororos, qui y arrivèrent du sud et du sud-ouest par le plateau du Tegama et ses vallées ponctuées de mares et de puisards.

Il faut noter ici qu'aucun élément de tradition Bororo n'indique qu'il s'agissait là d'un retour au Ténéré. En arrivant dans la région, les éleveurs identifièrent bien de nombreux sites évidents de peuplement ancien, des ruines de villages, *bille shi'e*, et surtout des puits profonds souvent réutilisables, *gooyli duunya ndeenno*. Cependant ils ne rattachent pas leur propre histoire à cette occupation antérieure de l'Azbin et du Tegama. Les archives coloniales françaises du Cercle d'Agadès signalent la présence de Bororos pour la première fois en 1918, à Aderbissinat, cent cinquante kilomètres au sud d'Agadès. Il s'agissait certainement de quelques familles *Bii-nga'en*. Un peu plus tard, des *Gojanko'en* se présentaient au poste militaire d'Ingal, cent vingt kilomètres à l'ouest d'Agadès. Les uns et les autres, comme toutes les fractions qui les rejoignirent au cours des trois décennies suivantes, se trouvaient jusqu'à la fin du dix-neuvième siècle dans le nord et le nord-ouest de l'actuel Nigeria, à plus de cinq cents kilomètres au sud d'Agadès.

La distance parcourue en moins de vingt ans par les premiers migrants ne doit pas étonner en soi : de nos jours encore, chaque année normale (3), des transhumants peuls et touaregs effectuent à peu près le même trajet, aller et retour, en moins de six mois.

La question que l'on peut se poser est : comment et pourquoi des pasteurs de bovins décident-ils de quitter des régions arrosées par 600 à 700 millimètres de pluies annuelles, traversées de rivières pour la plupart alors permanentes, afin d'aller circonscrire leur errance et celle de leurs troupeaux dans des étendues semi-arides ? Surtout lorsque l'on sait que les nuages sont, au mieux, trois fois moins généreux et que les bêtes ne peuvent être raisonnablement abreuvées qu'un jour sur deux, tant les pâturages et les maisons sont éloignés de puits dont il n'est pas aisé de tirer l'eau tout au long d'une saison sèche qui s'étire de neuf à dix mois par an.

On ne trouvera ici que des éléments de compréhension.

A Kazaouré (début XIXe siècle)

La mémoire ancienne des Bororos s'exprime par des mythes qui masquent leur histoire plus qu'ils ne la révèlent.

Jeune femme peule Bororo. Le visage d'une grande beauté est tatoué selon un dessin précis et très traditionnel à l'ensemble du groupe

◂ *Communément appelés Peuls Bororo, les Wodaabe du Niger forment une population nomade vivant en partie aux portes du Ténéré. Scène de puits région d'Agadès.*

---

(3) On considère comme normale une année où la pluviométrie est suffisante pour permettre la réalisation des modèles optimaux d'exploitation du territoire par les éleveurs. C'est peut-être un peu incantatoire, tant les années sèches se banalisent et tendent à la normale...

Peuls travaillant au puits pour abreuver leurs troupeaux

Des événements rapportés par la tradition orale, les plus anciens qui soient situés avec une certaine précision dans l'espace et le temps réels, renvoient au début du dix-neuvième siècle à Kazaouré, petite ville située entre les capitales de deux anciens états haoussas, Daoura, au nord, Kano, au sud. Notons que les récits du type de celui qui est traduit plus bas sont très rares dans la tradition orale des Bororos. Ecoutons :

« Les Vodaabe *vivaient alors en petits hameaux aux abords de* Kazawre. *Le seigneur de la ville avait un fils surnommé* mo-puru, *l'Homme-au-gris, car il montait un cheval gris,* pushshu puru. *Chaque fois que les* Vodaabe *attachaient un mariage, l'Homme-au-gris venait étrenner la femme. Les Vodaabe avaient peur et se résignaient.*

Jusqu'à ce jour où un jeune homme se jura que lui, si l'Homme-au-gris touchait à sa femme, il le tuerait. Il n'en dit rien, mais rassasia son sabre et sa lance de maléfices. Le soir du mariage, il dit à sa femme : « L'Homme-au-gris va venir. Je pars. Quand il sera là, fais-le entrer. Allonge-toi à ses côtés, parle-lui et entretiens-le jusque tard dans la nuit ».
Tard dans la nuit, l'Homme-au-gris, tout à la femme à ses côtés, ne vit pas le jeune homme entrer. Il entra, leva la lance dont il lui cloua le corps au lit avant de lui trancher la tête avec son sabre.
La jeune femme dit : « tu l'as tué, et demain tous les Vodaabe *seront tués par les gens de la ville ». Il alla trouver sa grand-mère, une petite vieille. Elle l'écouta et dit : « cours réveiller toutes les maisons et dis aux Anciens de se réunir ici chez moi ». Elle leur dit : « L'Homme-au-gris a été tué. Il faut fuir. Avant, vous attacherez les taureaux à des piquets. Pendant que nous partirons, les jeunes gens devront chanter et danser, jusqu'à l'aube. »*
Ils déguerpirent dans la nuit, avec les familles et leurs troupeaux. La ville dormait. Ceux qui ne dormaient pas entendaient les taureaux qui meuglaient et les jeunes qui dansaient, là-bas, aux hameaux des Vodaabe.
A la première aube, les danseurs tranchèrent les cordes des taureaux et tout cela s'élança sur les traces des familles. Les Vodaabe *étaient loin !*

Les troupeaux se déplacent selon le pâturage rencontré sur des centaines de kilomètres. Seuls les Wodaabe élèvent cette race de zébus appelés Bororoji, chaque animal porte un nom

Certains puits de brousse ▶ sont le seul domaine des Peuls. D'autres sont entretenus par plusieurs communautés dont les Touaregs

Dans la matinée, les gens du seigneur s'inquiétèrent de ne pas voir revenir l'Homme-au-gris. Son père envoya des gardes chez les Vodaabe. *Ils trouvèrent les hameaux vides : rien, pas un animal, personne. Dans une maison ils découvrirent l'Homme-au-gris, la tête coupée, par-terre. Ils se précipitèrent vers la ville.*

Le temps que Kazawre eut enterré l'Homme-au-gris et réuni une troupe de poursuite, les Vodaabe *étaient très loin ! (...). »*

Cette première partie d'un texte oral, recueilli auprès de *Biikorony'en Isao* de l'Azbin, rapporte les circonstances de la migration qui mena des Bororos de Kazawre à Sokoto, capitale de l'empire peul du même nom, sise à trois cents kilomètres à l'ouest. Il est significatif que selon les variantes de ce récit, le seigneur et son fils soient présentés comme Haoussas ou comme Peuls toucouleurs. Dans le premier cas, cette fuite aurait eu lieu avant 1805, dans le second, autour de 1810, après que l'empire peul de Sokoto eut mis en place ses propres gouverneurs. Dans les deux cas, les Bororos subissaient là un pouvoir tyrannique. (4)

La plupart des lignages représentés aujourd'hui dans la région d'Agadès s'enorgueillissent d'une participation de leurs ancêtres à cet exode épique : pour un peuple sans tradition de pouvoir exercé, une fuite rusée a valeur de victoire.

A Sokoto

Arrivés près de la capitale de l'empire, les Bororos auraient été accueillis avec mansuétude par Sheefu Usuman en personne, à en croire les récits conservés par les groupes, rares, qui auraient rencontré le saint homme. Leurs traditions intègrent Ousman dan Fodio comme le prophète des Peuls, de tous les Peuls. Pourtant, et ce n'est sans doute pas la première fois dans leur histoire, les Bororos déchantent assez vite après la mort de Sheefu Usuman, en 1817. Ses successeurs les traitent moins en frères de race et de langue qu'en sujets plutôt sélectifs dans l'application des préceptes de l'Islam, surtout bons à fournir les taxes et impôts prélevés par l'administration théocratique. C'est probablement à cette époque que les Bororos sont confrontés à la pression la plus intense pour abandonner celles de leurs coutumes qui les caractérisent le plus. Elles sont, il faut le dire, incompatibles avec des lois musulmanes plus sociales que religieuses, mais la séparation de ces deux domaines n'est pas à ce moment-là précisément à la mode dans cette région. Ceux qui tiennent bon restent Bororos, les autres se fondent dans la masse peule, voire haoussa. La tribu se trouve amputée de nombreux éléments, non par migration, mais par renonciation. Il s'agit d'un choix culturel et religieux. Il est le fait d'individus, de familles, voire

---

(4) cf. Murray Last. « The Sokoto caliphate ». Longman. London, 1977.

Chaque jour, les Peuls traient leur vache, cette race Bororodji donne en moyenne entre 3 et 5 litres de lait. Le lait est recueilli dans une calebasse spécifique à cet usage appelée birdude.
La société peule Bororo est essentiellement tournée vers l'élevage

◀ *Le soir, les veaux sont attachés à une corde toute proche du campement pour la nuit*

de fractions et non de lignages entiers. Inversement, des Peuls jusque-là autonomes de la tribu s'y intègrent à cette époque par adhésion au contrat social qu'est le *mbodangaaku*, la voie bororo, la façon d'être bororo, à l'intérieur du *pulaaku*, la voie peule. L'un dans l'autre, il semble que la tribu perd là plus d'éléments qu'elle n'en gagne. C'est à ce moment aussi qu'elle se présente comme seule tenante de la tradition peule. Le *mbodangaaku* n'est plus une branche du *pulaaku* ou *pulannuaku*, il s'en affirme la souche originelle et pure.

Cette attitude réfractaire face au pouvoir islamique s'accentue lorsque l'empire n'assume plus son rôle de protecteur et de garant pour la sécurité de ses sujets. Dès 1840-1850, le contrôle exercé par Sokoto sur ses provinces s'affaiblit. Des rivalités locales s'installent. Une partie des Bororos en profite, d'ailleurs, en s'engageant activement dans ces petites guerres incessantes qui rapportent des esclaves et du bétail. Le plus grand nombre, cependant, subit les attaques des pillards peuls et haoussas. Les femmes, surtout, sont enlevées. Dans les généalogies que l'ethnologue retrace en 1970-1980 au Niger, quelques grand-mères sont signalées comme *fansaabe*, rachetées contre rançon... Dans la deuxième partie du siècle, les Bororos actuellement au Niger s'éloignent résolument de la capitale de l'empire pour rejoindre des territoires moins contrôlés, moins taxés, moins peuplés, moins cultivés. Ils se tournent surtout vers le nord. Cette expansion a des limites, celles fixées par les forces politiques et guerrières en présence.

Certains « passent à l'ennemi » : un groupe important entre au Kabi, à l'ouest, d'autres, beaucoup moins nombreux, s'infiltrent au Gobir, à l'est. Les fractions et lignages actuellement représentés en Azbin restent dans la mouvance de Sokoto. L'alliance conclue entre les Touaregs Kel Geres et les Toucouleurs permet aux plus entreprenants de pousser leurs mouvements pastoraux jusqu'au sud de Tahoua et au nord-est de Madaoua, entre Ader et Gobir-Toudou. Plus au nord, les lances et les sabres des Iwillimeden Kel Dinnik interdisent toute pénétration. Jusqu'en 1900.

La colonisation française

2 mai 1899. Une colonne française se présente devant Birnin-konni, à moins de cent kilomètres au nord de Sokoto. Deux jours plus tard, il n'en reste que les ruines fumantes. Des Bororos aujourd'hui vers Agadès affirment que leurs parents ont observé, tapis dans la brousse, les lueurs de l'incendie qui conclut le massacre d'une bonne partie des quinze mille habitants de la ville. (5)

Les 7, 8, 9 avril 1917, près des puisards de Tanout, dans la vallée de Tamaya, à cent cinquante kilomètres au sud-ouest d'Agadès, sont exécutés, au bâton et à la baïonnette, plus de deux cents guerriers — certains n'ont pas quinze ans ! — et

(5) cf. Gilbert Comte. « L'empire triomphant ». Denoël. Paris, 1988.

notables Iwillimeden. Ils sont tombés dans le piège terrible d'une soumission transformée en massacre, par quelques officiers français et leurs auxiliaires africains. (6)

Les Bororos signalés en 1918 à Aderbissinat n'étaient alors pas très loin de ce que leurs enfants appellent « l'enclos de Tanout », où les ossements humains sont restés longtemps visibles. Entre Birnin-konni et l'enclos de Tanout, il y a trois cents kilomètres ; entre mai 1899 et avril 1917, dix-huit années d'une conquête ponctuée de massacres et de répression par les Français, dix-huit années de migrations intenses pour les Bororos, qui connurent leur premier contact avec les colonisateurs entre 1900 et 1910 selon les régions et les groupes.

Du Dallol Bosso au lac Tchad, leur soumission fut parfois tardive, mais toujours pacifique, prudente : aucune velléité de résistance ouverte, pas d'alliance avec les rebelles au nouvel ordre, acceptation immédiate des lois coloniales, en particulier impôts et suppression de l'esclavage, au début.

« Les Peuls semblent des ilotes égarés dans les pays haoussas. Ils ne font jamais parler d'eux car ils se tiennent à l'écart (...) Ils paient assez régulièrement les redevances, obéissent aux ordres reçus, mais conservent l'indépendance des nomades. » (7)

On n'entrera pas ici dans le démontage du mythe de la « paix blanche ». Prudence, discrétion et mobilité sont les armes des Bororos. S'ils n'échappent pas au désarroi général, provoqué par l'intrusion d'hommes dont ils ont avant tout peur, ils vont savoir profiter de la nouvelle donne politique régionale. Ils comprennent et saisissent vite les possibilités de migration vers des territoires qui leur deviennent accessibles, dès lors que ceux qui y régnaient auparavant sont peu à peu défaits par les colons. Ils vont progresser partout où s'ouvrent des zones de pâturage nouvelles, sans concurrencer les agriculteurs. Ils ont une certaine prédilection pour les régions qui échappent le plus à un contrôle réel des Français alors plus préoccupés de réprimer les résistances nationales que d'administrer ceux qui ne s'opposent pas les armes à la main et qu'ils ne voient même pas. En vagues migratoires successives et plus ou moins massives, les Bororos entreprennent des mouvements considérables et irréversibles au cours des vingt premières années de ce siècle.

Pendant que ceux du Sokoto — et du Gobir — se déploient de l'Adar à l'Azbin et au Damergou, ceux du Kabi remontent le Dallol Bosso vers Filingué. De là, une fraction importante oblique vers l'est, rejoignant le premier groupe, de l'Ader au Damergou, que certains dépassent rapidement : partis de l'est de Niamey vers 1905, ils sont signalés

(6) cf. Francis Nicolas. « Tamesna ». Imprimerie nationale. Paris, 1950.

(7) Peignol, Monographie de Tahoua, 1907, Dossier Tahoua, Archives nationales, Niamey.

Femmes peules Bororos pilant le mil au campement - Région puits Ameloulou

à Nguigmi, au bord du lac Tchad, en 1913. C'est alors que trois grands lignages historiques se détachent de la tribu et continuent leur course vers le Baguirmi (Galooru, Suuduuru, Baabeeru).

Ces migrations déclenchées vers 1900 s'achèveront, dans leurs grandes lignes, en 1940. Depuis on n'observe que des déplacements à l'intérieur d'une aire d'extension géographique qui reste à peu près la même, au Niger.

Le choix pastoral

Au début du siècle, les Bororos ont peu d'animaux : leurs troupeaux sont composés des rares bêtes rescapées de l'épizootie de peste bovine qui décima le cheptel de la région, de 1880 à 1890. Tous les groupes ne furent pas également touchés, tous ne mirent pas non plus le même temps à reconstituer des troupeaux suffisamment importants pour en vivre exclusivement. Ceci explique en partie les décalages observés dans les migrations et la diversité des axes et destinations de ces mouvements du début du siècle. Pendant que les premières fractions s'élancent vers de nouvelles aires pastorales, d'autres doivent prolonger au Sud la phase de sédentarisation agricole qui correspond à la convalescence économique des éleveurs appauvris.

La possession d'un troupeau suffisant est d'autant plus indispensable que l'on se dirige vers le nord. C'est le choix de migration le plus absolument pastoral : là où ils se dirigent, les Bororos savent qu'il n'est pas question d'avoir recours à l'agriculture ni au troc quotidien lait-mil avec les sédentaires voisins. Ceux qui « montent » ne comptent que sur leur bétail. Ils laissent derrière eux leurs champs et leurs greniers, et pour certains, les esclaves qui travaillaient leurs terres.

D'ailleurs, tous ne feront pas ce choix économique et culturel, et certains resteront au sud. C'est le cas, par exemple, des *Njapto'en* et *Daén* du sud de Madaroumfa, entre Niger et Nigeria. D'autres sont à identifier, au Nigeria.

Vers le nord, du Gobir-Toudou à l'Azbin

Ceux qui « montent » chaque année un peu plus au nord, à la tête de troupeaux qui prospèrent et croissent, progressent de puisards en mares, de saison sèche en saison des pluies, de vallées fossiles en dunes mortes, à travers une brousse qui leur apparaît comme intacte. Ils laissent très vite derrière eux les derniers champs haoussas ou bouzous. Au début du siècle le Gobir-Toudou exploité par les agriculteurs atteint à peine le coude de la vallée de Tarka, un peu au nord du 14e parallèle. Beaucoup des puisards de la région ont été créés par les Bororos quand ils y arrivèrent.

Quand ils laissent la grande vallée fossile de Tarka pour s'engager dans ses affluents, ils se retrouvent à peu près seuls, eux, leurs troupeaux et la brousse, ouverte, généreuse, où le voyageur qui découvre la région en 1970 a du mal à croire que s'y trouvait alors une faune abondante : hippotragues,

Mère peule et son enfant

bubales, girafes, phacochères, oryctéropes, lycaons, et même lions... Cette brousse est alors aussi neuve que dans une vision de prophète ! *Sheefu Usuman Bii Fooduye* l'avait bien dit à leurs grands-pères, et ceux-ci l'avaient répété à leurs fils et petit-fils :

« Le Nord est béni ! Je vous donne le Nord. Que Dieu donne le Nord aux Vodaabe, les proscrits qui proscrivent la Religion ! »

Le fondateur de l'empire de Sokoto, né dans le sud de l'Ader, avait eu l'occasion de traverser ces régions à la fin du dix-huitième siècle, lorsqu'il étudiait le Livre à Agadès. Son regard de Peul n'avait pu qu'être frappé par le potentiel pastoral de cette terre alors « traversée, sillonnée, mais non pas exploitée par des Touaregs pasteurs et guerriers des confédérations Kel Geres, Iwillimeden et Kel Ayr ». (8)

Un siècle et quelques années plus tard, quand les Bororos s'engagent dans ces contrées, les Touaregs y sont encore moins nombreux qu'auparavant. Certains ne sont pas revenus de l'exode « Luluwa », qui mena des centaines de familles de l'Ader, du Gobir-Toudou et du Damergou jusqu'au Darfour, à plus de deux mille kilomètres à l'est, fuite éperdue et vaine devant l'arrivée des païens blancs qui ruinent leur pouvoir. Quant à ceux qui sont restés, leurs troupeaux sont décimés par plus de dix ans de combats, de fuites, de désarroi. Beaucoup se sont repliés dans la zone agricole, d'autres aux confins sahariens.

Quand les Touaregs reviendront dans ce secteur, les Bororos y seront déjà. Ceci explique la fréquence des toponymes peuls utilisés par les Touaregs, surtout dans le sud du Tegama : Gadabeji — *nga dibeeje*, la grande (mare) aux acacias Sénégal —, Gabikaro — *nga biikaaru*, la grande (mare) du babouin, Geltiredji —, *ngel tireeji*, la petite (mare) aux girafes, etc.

Cette brousse est ouverte, les mares y sont nombreuses et les pâturages excellents : les graminées sauvages du Nord, plus courtes, moins gorgées d'eau pendant leur croissance, sont bien plus bénéfiques pour l'embonpoint et la fécondité des bêtes que les hautes et épaisses herbes du sud, comme l'observent les éleveurs, au fur et à mesure qu'ils progressent.

Au Ténéré, à Agadès

Signalés à Aderbissinat en 1918, les Bororos n'y seront recensés par l'administration qu'en 1938. Ils sont alors officiellement moins de trois cents. Les mouvements d'immigration dans le cercle d'Agadès s'intensifient entre 1940 et 1950. En 1940, ils sont quatre cents, en 1943, six cents, en 1950, mille cinq cents (9).

C'est que la vocation pastorale des Bororos correspond aux préoccupations économiques de l'administration française. Dans les schémas d'exploitation ou de mise en valeur des territoires, les Bororos sont classés dans la catégorie des fournisseurs de viande et de taxes sur le bétail, que l'on cherche à stabiliser au nord des régions spécialisées dans la production agricole.

Bien que cet événement ne figure dans aucune des chronologies qu'un ethnologue peut relever auprès des Bororos, la Deuxième Guerre Mondiale a joué un rôle non négligeable dans le processus d'installation durable des éleveurs de bovins au nord du 16e parallèle, en raison de l'accroissement conjoncturel de l'intérêt des administrateurs à l'égard de « cette population sympathique mais qui vit dans l'anarchie la plus complète » (9).

En effet, au début des années 40, les autorités coloniales du Cercle d'Agadès, coupées de la tutélaire métropole, voient la montée des Peuls Bororos comme une bénédiction — des Peuls et de leur bétail : « La présence des troupeaux peuls est si avantageuse pour le ravitaillement d'Agadès et d'Ingal qu'il ne saurait être question de les refouler » (9), d'autant que les Touaregs se retirent des marchés quand ils en constatent la pénurie en produits importés : « Sur 24.400 mètres de tissus qui devaient être fournis par an à Agadès, seuls 3.317 mètres sont arrivés. Les Touaregs ne vendent plus d'animaux et il faut les obliger pour avoir au moins un minimum de ravitaillement et pourvoir notamment aux besoins militaires en viande de la garnison. » (9)

Non seulement on ne refoule pas les Peuls, Bororos pour la plupart, mais ils bénéficient à Agadès de taux d'imposition sur les hommes et le bétail très inférieurs — plus de 25 % de différence — à ceux pratiqués dans les cercles du Sud. Quand il faut vendre trois taurillons et quatre moutons pour s'acquitter de l'impôt annuel à Maradi, il suffit de deux taurillons et deux moutons pour être en règle à Agadès. Pour des éleveurs, l'argument est de poids. (10)

Par ailleurs, dans la concurrence pastorale qui oppose les Bororos aux Touaregs, l'administration intervient en favorisant l'installation des premiers dans les territoires où les seconds revendiquent une légitime préséance historique.

En dehors des raisons économiques, explicitement exposées par les autorités coloniales, on peut en voir d'autres : les Bororos posent certes des problèmes mais ils ne sont pas inquiétants. Ils n'ont pas l'auréole des guerriers fiers, féodaux, et tutti quanti de la littérature coloniale, mais ils n'ont aucun passif de résistance ou de rébellion armée. Alors, tout en observant que « les tribus touarègues sont chaque année plus inquiétées par la montée des Peuls » (9) et que « l'immigration accélérée des Peuls va amener inévitablement à des heurts avec les Touaregs » (9), l'administration penche, en général, pour une assistance aux intrus, qui bénéficient d'une indéniable mansuétude : « Quoique les Touaregs se soient toujours assurés brutalement l'usage diurne et exclusif de tous les puits, même creusés par les Peuls, ces derniers, extrêmement mobiles et patients, abreuvant leurs troupeaux de nuit, encaissant les coups et les brimades, s'infiltrent peu à peu. » (9)

L'attitude des Touaregs envers les migrants peuls est variable selon les secteurs et le point de vue personnel de chacun. Dans le Tegama, au sud d'Agadès, « les Kel Ferwan sont assez indifférents à la question. Certains en profitent en vendant ou en louant leurs puits aux Peuls » (9). Par contre, « à l'ouest-nord-ouest du cercle, il y a une nette résistance des Touaregs — Kel Fader et Hoggar — à la présence des Peuls. » (9)

La situation des Peuls devient plus confortable quand leur est attribué l'usage prioritaire d'une bonne partie des puits profonds, construits par l'administration, du sud-ouest d'Ingal au nord d'Aderbissinat, au sud de la falaise de Tigidit, dans la partie nord du plateau du Tegama, ou Tadrast. Leurs parcours de saison sèche vont s'y stabiliser, la plaine d'Agadès, leur Ténéré, fournissant essentiellement les pâturages et points d'eau de saison des pluies et début de saison froide.

Là, les Bororos vont connaître pendant vingt à trente ans une prospérité sans égale dans leur histoire connue, au prix d'une augmentation considérable des travaux dus au bétail et d'une mobilité désormais permanente. Si le milieu est exigeant, il est aussi généreux. Alors, on est prêt à tous les efforts pourvu que les troupeaux croissent.

Le Nord a donné

En 1968, on estimait officiellement le troupeau bovin du département d'Agadès à 120.000 têtes. Plus de la moitié devait être aux mains de moins de cinq mille Bororos.

On se trouve alors à l'apogée de la prospérité pastorale engendrée entre autres mais surtout par une série d'années à la pluviométrie exceptionnellement clémente. Souvent contre le gré de leurs propriétaires, les troupeaux bénéficient aussi de l'action des services vétérinaires coloniaux puis nationaux : les épizooties les plus sévères ne sont pas toutes éradiquées mais leur propagation est limitée par des vaccinations massives et régulières. Les Bororos s'y dérobent souvent. Leurs animaux sont difficiles à maîtriser. Parfois il y a des blessés, hommes ou bêtes. Et puis, ils ont une aussi grande confiance dans leur propre art vétérinaire. Ils en connaissent pourtant les limites, éprouvées en 1880-1890, et même après, plus ponctuellement. L'un dans l'autre, piqué ou pas, le cheptel est moins vulnérable parce que les réseaux de contagion sont tronqués par la présence des troupeaux vaccinés.

---

(8) André Bourgeot. Rapport sur les Touareg et Buzu de la région de Maradi. Université de Bordeaux 2. 1977.

(9) Les données et citations tirées du dossier Agadès des Archives Nationales (Niamey) proviennent des rapports suivants : Lafitte (1938), Richert (1943), Geyer (1953).

(10) Calcul effectué pour un chef de famille comptant trois personnes imposables, quarante bovins et vingt ovins ou caprins.

A la fin des années 60, si tous les éleveurs ne sont pas vraiment riches, beaucoup le sont, et chacun bénéficie de l'épanouissement pastoral. Les Bororos dont la taille des troupeaux excède les capacités de main-d'œuvre familiale multiplient les prêts ou confiages d'animaux parmi leurs parents moins favorisés. En quelques années, le bénéficiaire les troupeaux de bovins grossissent presqu'à l'excès. Les marchés sont actifs. Des commerçants haoussas viennent du Sud pour acheter des animaux jusque vers Ingal et Agadès. A la recherche de bœufs qui puissent effectuer correctement le trajet jusqu'au Nigeria, où ils seront revendus, ils traitent avec les Bororos dans des conditions très favorables : un

Au cours du Yaaké, *les danseurs personnalisent leur visage par des expressions, les yeux roulent et les dents doivent être mises en évidence. L'ensemble est accompagné d'une mélopée très entraînante*

possède un lot de bêtes suffisant pour reprendre son autonomie économique.

Le bétail est alors un capital séduisant : il croît et il rapporte. Les commerçants d'Ingal et Agadès investissent dans le bœuf et concluent avec les Bororos des contrats de confiage qui, à l'époque, sont intéressants : en plus du lait pour nourrir sa famille, on y gagne du mil, des vêtements, du natron, du matériel d'exhaure.

Ce même type d'arrangement existe alors aussi entre des Bororos et des éleveurs plus spécialisés dans le dromadaire, Touaregs et Arabes, mais dont zébu bororo castré peut alors s'échanger contre deux ou trois génisses azawak. Si les troupeaux y perdent en pureté raciale, ils y gagnent en prolificité et en adaptation au milieu.

C'est l'époque où les calebasses de lait frais d'un seul campement suffisent à nourrir plus de mille visiteurs, vous dira-t-on, et où certains donnent des pains de sucre pilés à leur dromadaire avant les courses où s'opposent les dandies de l'aristocratie pastorale...

Dans ces années-là, en septembre, dans un rayon de cinquante kilomètres autour d'Ingal, le vert des pâturages de la plaine disparaît par endroits sous des masses mouvantes et denses, brunes et fauves des zébus, blanches des moutons.

Le Nord a repris

De 120.000 têtes en 1968, le troupeau du département d'Agadès tombe à 15.000 en 1974, rescapés de cinq années de sécheresse consécutives. (11)

On ne revendiquera pas pour les Bororos d'Agadès la palme de la misère qui s'abattit alors sur tout le Sahel subsaharien. Reste que les pasteurs du nord du Niger spécialisés dans l'élevage des espèces les plus vulnérables sont de ceux qui ont connu la chute la plus dure et la plus durable.

Brutalement, tous les équilibres écologiques se sont rompus, prenant au dépourvu les éleveurs dont la vigilance avait été endormie par trop de bonnes années. Somme toute, peu ont su réagir à temps en nomades. Les mouvements de fuite furent souvent tardifs. C'est en 1969 qu'eut lieu la première hécatombe du bétail pour les Bororos d'Agadès, dont les animaux furent décimés avant d'atteindre les zones de repli de l'Ader et du Damergou. Malgré cette première alerte, beaucoup regagnèrent l'Azbin dès 1970-1971.

Vint la saison des pluies catastrophique de 1972 et la saison sèche qui suivit fut pour la plupart « le trébuchement qui achève l'aveugle » — fergere he'initi bumdo. C'est cette année-là que disparurent les girafes du Tegama, massacrées dans leur fuite vers le sud. La dernière fut abattue à l'ouest de Dakoro, dans la vallée de Tarka. Les vaches, elles, moururent de faim souvent à côté de puits et de forages, dont l'eau seule n'était d'aucun remède à la pénurie de pâturages. (11)

Mortes ou bradées, les grandes bêtes aux longues cornes échappèrent aux éleveurs, dont beaucoup se retrouvèrent totalement démunis en juin 1973, quand à l'interminable saison sèche succéda ce qu'on ne saurait qualifier, sans une amère ironie, de « saison des pluies ».

En ville

C'est depuis lors que les « Peuls constituent (...) une communauté immigrée importante », à Agadès d'abord, dès 1970-1973, puis à Arlit. « Ce qui caractérise la migration peule, c'est qu'elle est globale. Des tribus entières sont venues se sédentariser à Agadez avec leur chefferie (...) Le paroxysme se situe en 1972-1973, certainement du fait que les vivres étaient plus faciles à obtenir à

(11) cf. Aboubacar Adamou. - Agadez et sa région -. Irsh. Niamey, 1979.

Agadez que dans les autres centres de distribution gratuite de l'Aïr. » (11)

A partir de 1974, et jusqu'en 1982, peu à peu, l'élevage connaît une certaine relance. L'Etat nigérien met en œuvre des programmes d'assistance et de soutien aux efforts spontanés des pasteurs, dont l'idéal est en général le retour en brousse.

En 1983, une nouvelle sécheresse remet à genoux le plus grand nombre. Cette fois-ci, rares sont ceux qui se laissent surprendre. Mais leur fuite sera vaine tant les territoires vides de tout pâturage sont étendus. Alors, à la fin de 1984, retour aux cases Agadès, Arlit, que beaucoup de familles n'avaient d'ailleurs pas quittées depuis 1973.

Boutique Wodaabe / Fulani Shop

Notre récit s'arrête au seuil d'une de ces boutiques du marché d'Agadès où l'on peut s'offrir toute la panoplie du parfait Bororo. C'est joli et ça n'est vraiment pas cher, en regard de ce qu'a vécu ce peuple avant de se résoudre à produire en série et à vendre ses parures. Encore est-ce là une des activités les plus dignes parmi celles qui permettent à ces gens de survivre. C'est aussi une des plus lucratives. Ce qui n'est pas réinvesti dans la production artisanale, ou dépensé en nourriture, vêtements, sodas, radiocassettes, séduction des petites chéries, tout ce qui reste est transformé en chèvres, moutons, ânes, parfois génisses ou chamelles, qui rejoignent dans la brousse les fragments de troupeaux gardés par des fragments de familles.

Au cœur de la saison des pluies, les boutiques sont fermées. Les vendeurs de bijoux frappent le sol de leurs talons dans une ligne de *geerewol*, là-bas vers Ingal ou Maranda ou Darbeesu. Qu'y a-t-il dans leurs crânes, sous la couronne de cauris, derrière le masque d'ocre rouge ? Que voient-ils au-delà du soleil qu'ils affrontent de face, les yeux écarquillés ?

Post-scriptum

Le lecteur peut s'étonner du contraste apparent entre l'éclat des images intemporelles et la noirceur du texte historisant.

Le photographe et l'ethnographe ont bien travaillé dans les mêmes lieux, au même moment (années 70-80). Ne mentent et ne se trompent ni l'un ni l'autre : l'ethnographe a choisi de franchir la ligne des danseurs et de démonter le mythe incantatoire que le photographe, lui, illustre : « Que soit ce qui fut !

- Si Dieu le veut », marmonne en écho un vieil homme couché à l'ombre d'un épineux, à l'ouest d'une butte posée dans la plaine argileuse écrasée de soleil, balayée de poussière. Recroquevillé entre deux veaux, il se souvient : son père lui disait, il y a longtemps, bien au sud, qu'il y avait eu une époque où pour avoir deux veaux, il fallait être aimé de Dieu. C'était en 1890, après la peste bovine.

Le vieil homme ne doute pas. Un Bororo qui doute de lui-même et de Dieu n'est plus un Bororo. Mais quand même, tout a tellement changé...

Hommes peuls Bororo maquillés à l'occasion de la yaaké *: fête de beauté*

◀ *Groupe de danseurs peuls Bororo à l'occasion de la Geerewol*

12

LE TAFASSASSET
Le néolithique et le post-néolithique du Ténéré

François Paris

◀ *Paysage - Vue du sommet de l'Adrar Chiriet - Aïr. Au-delà des premières dunes du Ténéré, on aperçoit les montagnes bleues d'Izouzadene*

Le Ténéré du Tafassasset est une étendue désespérément aride, erg légèrement ensablé, ondulé parfois de petites dunes mais aussi coupé par des ergs vifs infranchissables. Les traces d'une fréquentation humaine préhistorique sont cependant étonnamment nombreuses. Ces vestiges — meules, éclats, flèches, poteries brisées ou entières —, incongrus pour notre époque, laissent deviner un passé bien différent des conditions actuelles.

Nous ne nous intéresserons ici qu'aux dernières civilisations, celles des hommes qui ont vécu dans ces contrées depuis 10.000 ans ; leurs traces sont d'ailleurs les plus fréquentes. Ce vaste territoire correspond en fait au débouché d'un fleuve, le Tafassasset, qui venant directement du Nord, collectait les écoulements des versants orientaux du Hoggar, du Tassili du Hoggar et du nord de l'Aïr ; il se gonflait aussi des eaux venues du Tassili des Ajjers. Son cours est facile à suivre tant que sa vallée est bordée d'affleurements rocheux, mais ensuite il se perd dans ce que l'on appelle le Ténéré. La recherche de son lit a fait l'objet de nombreuses reconnaissances et explorations.

Le Tafassasset fut longtemps considéré comme l'un des plus grands fleuves sahariens, se jetant dans le lac Tchad après avoir parcouru près de 1250 kilomètres. Les connaissances récemment acquises amènent à modérer cette estimation. Pour comprendre ce que pouvait être le Tafassasset au néolithique, il faut se reporter aux périodes humides que connut cette région au cours de l'Holocène (1). Schématiquement, dans l'ensemble du Sahara, les débuts de cette période correspondent à un grand épisode humide. Dans le Sahara méridional, les pluies étaient alors suffisamment bien réparties pendant l'année pour que les cours d'eau et les cuvettes lacustres soient considérés comme pérennes. Deux saisons des pluies permettaient cette régularité : l'une, l'été, commandée par la mousson, l'autre, l'hiver, par le front méditerranéen. Ce mécanisme fonctionna jusque vers le milieu du 7e millénaire av. J.-C. Nous avons pu dater de 7920 ± 220 ans avant nos jours, par le radiocarbone, des coquilles de mollusques aquatiques (des mélania) recueillies dans une cuvette lacustre située au Niger, à deux kilomètres du cours du Tafassasset. Cette date indique le début de la phase d'assèchement que va connaître la région pendant près de 1500 ans. Les recherches menées par les paléohydrologues le confirment, en montrant que les dernières recharges en eau importantes de la nappe phréatique datent aussi de cette époque.

Au milieu du 6e millénaire av. J.-C., le Sahara va vivre, pour une période d'environ 2500 ans, un nouvel épisode humide, moindre cependant que le précédent. Le mécanisme en est différent ; il n'y a plus qu'une seule saison des pluies, réglée par le système de la mousson d'été. Les cours d'eau ne sont plus permanents, les lacs peuvent subir une certaine période d'assèchement.

Quelles furent les conséquences pour le Tafassasset ? Ces conditions favorables permirent-elles à ce fleuve de franchir l'obstacle des immenses ergs qui le séparaient du lac Tchad ? Ces ergs existaient déjà, leur mise en place date au moins de 20.000 ans et même probablement beaucoup plus. Il est difficilement concevable de faire traverser ces massifs dunaires par un cours d'eau, d'autant que l'orientation des cordons, qui est la même durant tout l'Holocène, n'est pas favorable.

Si le Tafassasset fut un jour un grand fleuve, prenant sa source dans les massifs centraux sahariens pour se jeter dans le lac Tchad, cela n'a pu se produire qu'en des temps beaucoup plus anciens que l'époque qui nous concerne. Pour les âges néolithiques, il faut plutôt conclure à un cours d'eau qui se perdait dans le Ténéré. Il n'y avait pas de lac important, puisque les dépôts diatomitiques qui le traduiraient sont absents, mais plutôt une zone d'inondation, plus ou moins salubre. Les apports d'eau contribuaient surtout à l'alimentation de la nappe phréatique qui affleurait en lacs dans des dépressions, notamment au pied de reliefs isolés ou de falaises, comme à Achegour ou Fachi. Cette nappe remontait aussi dans les creux interdunaires, permettant l'existence de mares ou d'étangs temporaires. Ces ergs, actuellement vifs, avaient des formes adoucies ; ils se présentaient comme de grandes étendues vallonnées, couvertes d'une végétation comparable à celle du Sahel actuel. C'est sur ces territoires que chassèrent puis transhumèrent les Néolithiques.

Le Ténéré du Tafassasset au sens strict du terme ne fut pas, quel que soit l'épisode néolithique, un grand centre d'occupation. Les vestiges que l'on y trouve, quoique fréquents et nombreux, indiquent plutôt de petits camps, de courtes haltes de chasseurs et d'éleveurs. Ces grandes étendues étaient en effet, à certaines saisons, de fructueux

---

(1) L'Holocène est la dernière période géologique. Il commence vers 12.000 ans et succède au pléistocène, époque qui correspond aux grands épisodes glaciaires que subit notre planète pendant le quaternaire.

terrains de chasse ou de belles zones de pâturage, propices à un élevage transhumant.

Pour caractériser ces civilisations, il faut se rapprocher des bordures montagneuses, et en particulier de l'Aïr. Vers ses abords, les sites sont plus importants et correspondent à des occupations plus longues ; c'est là aussi qu'affleurent les filons de rhyolite, matériau privilégié pour l'obtention des outils lithiques.

Les résultats acquis depuis ces vingt dernières années dans cette région permettent aujourd'hui une nouvelle compréhension de ce Néolithique.

Celui-ci ne se limite pas au seul Ténéréen, épisode du Néolithique moyen et final, dont la spectaculaire industrie sur jaspe vert éclipse les autres cultures. Il faut reconnaître que les objets obtenus à partir de ce jaspe, une dacite à grain très fin, sont d'une très belle facture. De plus, la patine désertique leur confère un aspect vert olive vernissé du plus bel effet, à tel point que ce matériau est souvent qualifié de jaspe vert.

Des recherches récentes ont montré qu'un autre épisode avait précédé ce Ténéréen, épisode particulièrement passionnant puisqu'il vit l'invention de la céramique et celle de la culture du mil.

Ces importantes découvertes correspondent à la grande période humide. Nous n'entrerons pas dans des querelles terminologiques de spécialistes : certains en effet se refusent à qualifier de néolithique une civilisation dont on n'a pas encore prouvé, par la découverte matérielle de trace végétale, qu'elle produisait sa nourriture. Pour notre part, nous considérons que les indices sont suffisants pour admettre que cette production était établie ou sur le point de l'être.

J.-P. Roset, par ses prospections dans l'Aïr et le long de sa bordure orientale, a pu démontrer que la céramique y fut inventée, il y a de cela environ

Au nord du Ténéré, la vie n'existe plus. Seuls témoins du passé, quelques meules du néolithique posées sur le sol depuis 10 000 ans

9500 ans (Tagalagal dans les monts Baguezan, Adrar Bous). Cette invention remonte donc à des âges très reculés, comparables à ceux du Moyen-Orient, voire plus anciens. Le Sahara méridional doit donc être considéré comme un centre autonome d'invention. Ces poteries se caractérisent par des formes à fond sphérique, plus ou moins ouvertes (bols, jattes), les formes fermées étant parfois munies d'un petit col. Les décors sont variés, obtenus par des impressions de peignes divers. Ils couvrent tout le vase de motifs généralement en lignes pointillées ondées, ou en flammes. Il est admirable de constater que, dès le début, formes et techniques de décors sont parfaitement maîtrisées et le corpus restera assez semblable pendant près de 5500 ans, montrant un indéniable air de famille avec les premières céramiques.

Si l'industrie lithique de l'Aïr se caractérise par un outillage plutôt léger — composé en particulier de microlithes géométriques, lames, lamelles et armatures de flèches —, à Termit, G. Quéchon a en revanche découvert une industrie plus lourde avec notamment des pics bifaces et des plaquettes aménagées en forme de houe. On trouve aussi, partout, meules et molettes qui ont servi à broyer des graines. Les preuves incontestables d'une agriculture n'existent certes pas encore. Il faudrait pour cela découvrir dans une couche archéologique une graine de plante cultivée, ce qui en milieu saharien paraît relever de l'impossible, ou encore, ce qui est plus envisageable, trouver l'empreinte laissée par une de ces graines sur une poterie. Toutefois, la culture de plantes, et leur consommation, sont indirectement attestées par la technologie et l'ensemble de la culture matérielle, avec notamment les outils à vocation sûrement agricole (houes et pics) ou possible (certains microlithes ont pu armer des faucilles), le matériel de broyage

Au nord-est de l'Aïr, l'Adrar Bous est une région où de nombreux lacs ont permis la vie des hommes du néolithique. Il n'est pas rare de voir de nombreux squelettes fossiles de poissons

Tel le navigateur sortant de l'océan, les rivages de l'Aïr apparaissent
à contre-jour au soleil couchant

« Elles n'offraient qu'une heure de ferveur, et c'est nous qui l'avons vécue »
Saint-Exupéry

pour la préparation de farines et la céramique pour la cuisson des bouillies.

Quelle est cette plante qui aurait pu être cultivée dans cette région ? Il s'agit probablement du mil. Des généticiens, L. Marchais et S. Tostain, ont effectivement montré par l'étude des marqueurs biochimiques que cette céréale est originaire de deux foyers ouest-africains, l'un situé en Mauritanie et l'autre au Niger. Mais, pour être consommable, c'est-à-dire pour produire des chandelles à gros grains non caducs, il faut obligatoirement une intervention humaine dans la sélection des plantes sauvages.

Il est donc très tentant d'attribuer l'invention de la culture du mil à ces Néolithiques soudanais du grand humide holocène. Les squelettes humains de cette période font malheureusement cruellement défaut. Cela est dû aux conditions climatiques qui régnaient alors ; en effet, les restes organiques se dégradent très vite sous un climat tropical humide. On retrouve par contre en abondance les ossements d'une faune aquatique, qui ont été protégés de l'oxydation par les eaux des lacs, et ceux des animaux brûlés ou cuits.

Néanmoins, les restes humains trouvés dans des régions voisines, mais pour des périodes un peu plus récentes, montrent que l'on peut raisonnablement penser que ces populations étaient de race noire et probablement peu différentes de celles qui peuplent le Sahel actuel.

Par contre, s'ils sont les inventeurs quasiment certains de la culture du mil, il ne semble pas qu'ils aient maîtrisé l'élevage dès cette époque.

Les indices jusqu'alors les plus anciens de domestication du bœuf montraient qu'elle était apparue, vers 6000 ans, dans les plateaux du Tadrart Acacus et du Tassili des Ajjers ; mais nous avons

A l'extrême sud du Tassili n'Ajjer, le petit massif de Tadrart est la porte du Ténéré en venant du nord

nous mêmes récemment fouillé une « sépulture » de bœuf sur un site de l'Adrar Bous, qui a pu être datée de 6200 ans avant nos jours, sur les restes brûlés d'un animal entier entassés dans une fosse et recouverts d'un petit tas de pierres. Mais c'est vers 5500 ans que se généralise l'élevage du petit et du grand bétail.

ces industries soient mieux connues, grâce aux collectes effectuées par les militaires, dans la région de l'Adrar Bous en particulier. Dès cette époque, le rapprochement est fait avec le protodynastique égyptien, notamment par la présence du « couteau égyptien », pièce à retouches bifaciales et tranchant convexe avec encoches dégageant un petit manche,

Dunes de la Tadrart

A ces populations d'éleveurs correspond le Ténéréen, épisode dont le nom a été créé en 1934 par M. Reygasse, pour définir un faciès caractérisé par « l'abondance extrême des haches à rainure ». Cette abondance de ce que l'on appelle aujourd'hui les haches à gorge n'est due qu'aux ramassages très sélectifs de ces objets spectaculaires par les méharistes. Le Ténéréen, ainsi défini, était donc immédiatement critiqué et le terme rejeté : les haches à gorge ne sont particulières ni à cette région ni à cette culture.

Il faudra en fait attendre l'après-guerre pour que taillé dans ce « jaspe » vert qui contribue à la renommée de cette industrie.

En 1962, grâce à la mission Berliet-Ténéré, l'étude de ce faciès a été reprise et l'analyse typologique de l'industrie lithique publiée par J. Tixier ; le Ténéréen est de nouveau admis comme une culture particulière du Sahara méridional. Sa définition est : « Industrie néolithique du Sahara méridional semblable à celles décrites à l'Adrar Bous III ».

Adrar Bous III est un gisement situé au pied d'une des dunes qui limitent à l'est le grand lac.

Cette dune marque également la limite orientale du massif ; au-delà commencent les vastes étendues de sable qui s'étendent sur près de trois cents kilomètres, jusqu'aux contreforts des falaises du Djado. Le site est toujours visité, mais il est malheureusement régulièrement pillé par les nombreux amateurs. Bien qu'actuellement remis en question, dans sa définition typologique, le terme ténéréen sert tout de même à qualifier un type d'économie et de production, que l'on trouve depuis d'Adrar Bous jusqu'au massif de Termit.

Quels étaient ces éleveurs qui arrivèrent il y a 6000 ans dans ces régions méridionales du Sahara ? Quels furent leurs rapports avec les gens qui alors occupaient le Ténéré, ou du moins ses bordures, plus propices aux installations durables ?

En période humide, les zones d'épandage du Tafassasset et leur environnement palustre devaient être particulièrement insalubres, infestés par les moustiques et autres insectes. Les vestiges d'occupation humaine le montrent bien : simples haltes de chasseurs ou d'éleveurs nomadisant en très petits groupes dans le Ténéré proprement dit, villages plus importants et vastes groupements de sépultures sous tumulus sur les bordures.

Pour les périodes plus récentes, les recherches menées sur les types de sépultures, et plus précisément sur les monuments funéraires, ces tumulus de pierres aux formes diverses, construits sur les affleurements rocheux, éclairent d'un jour nouveau l'histoire du peuplement, au moins entre le néolithique final et l'avènement de l'islam.

C'est vers 5500-5000 ans environ que les sépultures monumentales font leur apparition au Sahara méridional. Auparavant, les morts étaient enterrés sur le lieu d'habitat. Le corps était déposé au fond d'une fosse ovale, en position repliée et le plus souvent sur le côté. Les femmes étaient préférentiellement placées sur le côté gauche, les hommes sur le côté droit. De même, de nombreux relevés montrent une dominance très significative de l'orientation est-ouest du cadavre.

Les inhumations sous tumulus sont d'origine septentrionale. Leur apparition correspond à l'arrivée d'une nouvelle population. Leurs traits physiques commencent à nous être connus par quelques squelettes qu'il faut rattacher à la race blanche. Il s'agit probablement des plus anciens ancêtres des populations berbères qui actuellement peuplent le Sahara méridional.

Ces tumulus, par leurs formes variées, sont des indicateurs précieux, qui précisent nos connaissances sur cette période ; en effet, certaines architectures sont particulières soit à une époque, soit à une région, soit même à une ethnie. Par exemple, les monuments à couloir et enclos, dits aussi tumulus en trou de serrure, que l'on trouve au Tassili des Ajjers et dans les régions avoisinantes, se rencontrent aussi sur la bordure orientale du Ténéré. Ces monuments méritent d'être décrits car ils traduisent certainement des préoccupations cosmogoniques et un rituel funéraire dont nous ne savons malheureusement presque rien, sinon que la direction du soleil levant présidait à la construction du monument. L'élément principal est un tumulus de pierres, qui recouvre une fosse au fond de laquelle est enterré un individu, couché sur le côté droit en position fléchie, orienté selon un axe est-ouest, tête vers l'est. Tous ceux que nous avons découverts contenaient des sujets de sexe masculin. De ce tumulus partent, en formant un V ouvert vers l'est, deux courtes murettes prolongées par un couloir aux murettes parallèles. Une première enceinte circulaire interrompue entre les antennes, enclôt le tumulus ; une seconde entoure l'ensemble de la construction, y compris le couloir. Nous avons pu les dater de 4500 ans environ, ce qui correspond à la fin de l'épisode bovidien. Les monuments étudiés au Niger marqueraient peut-être la migration vers le Sud, de pasteurs qui ne trouvaient plus, au Nord, les conditions propices à leur mode de vie. Des gravures rupestres, dans la plus pure tradition tassilienne, existent d'ailleurs dans le Djado.

De l'autre côté du Ténéré, vers l'Adrar Bous, ce sont des plates-formes cylindriques, soigneusement appareillées et à la surface généralement gravillonnée, qui servent de monuments funéraires. Certaines de ces plates-formes, construites à flanc de colline, sont de très grandes dimensions ; il s'agit certainement, tout comme l'étaient les tumulus en trou de serrure, de sépultures de personnages appartenant à une classe sociale élevée. Si les positions des corps sont comparables, les orientations diffèrent, les corps étant préférentiellement enterrés selon un axe nord-sud, la tête au sud.

Les traditions rupestres du Tassili ne se retrouvent pas dans l'ouest du Ténéré ; ces éleveurs se distinguent donc culturellement des pasteurs « bovidiens ».

Il faut aussi remarquer que les monuments funéraires apparaissent un demi-millénaire après les premières traces de domestication trouvées dans l'Aïr. L'élevage y était donc connu avant l'arrivée des constructeurs de tumulus.

Pour schématiser, à un peuplement soudanais réfugié dans le massif de l'ouest de l'Aïr, se superpose progressivement dans les régions ténéréennes, à partir du milieu du VIe millénaire, une population de race blanche. Ce flux va se poursuivre et se généraliser il y a environ 4500 ans. Cette date correspond au début d'une nouvelle aggravation des conditions climatiques, qui a probablement poussé les pasteurs du Nord vers les régions méridionales plus accueillantes.

Au contact de ces populations, les autochtones auraient adopté leurs coutumes funéraires, du moins celle de construire un tumulus sur l'inhumation.

Entre 5000 et 4500 ans avant nos jours, le pastoralisme était le mode de vie le mieux adapté aux conditions climatiques : courte saison des pluies et longue saison sèche. La quantité d'eau tombée permettait tout de même une recharge suffisante de la nappe phréatique pour entretenir des lacs dont l'assèchement — si assèchement il y avait — n'était de toute façon, que de très courte durée. Entre 4500 et 4000, les conditions deviennent de plus en plus difficiles, et seuls quelques endroits privilégiés, les bordures de l'Aïr en particulier, sont encore habitables. Vers 3500, les conditions climatiques s'améliorent quelque peu et une nouvelle vague d'immigrants apparaît dans l'Aïr oriental. On constate une rupture complète, sur le plan culturel, avec les civilisations néolithiques précédentes.

Grâce aux études menées sur le site d'Iwelen au sud du mont Gréboun, nous connaissons bien ces nouveaux arrivants. Ils amènent un nouveau type de céramique, un nouveau mode d'inhumation — les morts, déposés sur une natte, sont recouverts d'un tumulus à cratère — et un art rupestre qui jusqu'alors était absent de ces régions. Ces gravures rupestres vont progressivement recouvrir, en des lieux privilégiés, les rochers qui surplombent de nombreux koris dans l'Aïr. Leurs auteurs étaient des éleveurs ; ils connaissaient les chars attelés, dont on trouve quelques représentations gravées, et le cheval qui est parfois monté. Le chameau et les tifinars (2) n'apparaissent que vers la fin de cet art rupestre, qui disparaîtra sous l'influence progressive de l'Islam. On peut considérer ces nouveaux arrivants comme les ancêtres directs des Touaregs.

L'Islam apparaît assez tôt dans l'Aïr, dès la première moitié du VIIe siècle, sans doute amené par les relations constantes qu'il y avait entre les régions du sud-ouest libyen et l'Aïr.

A cette époque, le Ténéré n'est plus habité. Mais bien que difficile à traverser, il n'est pas un obstacle aux communications. On peut le contourner, par exemple par le Nord, comme le firent les groupes touaregs qui peuplent l'Aïr, originaires pour la plupart du sud-ouest libyen. De même, les caravanes par le sud relieront les salines de Bilma et les falaises du Kawar à Agadez. Le Ténéré sera ainsi isolé pendant près de 3000 ans, acquérant peu à peu sa terrible réputation. Les vestiges des civilisations qui y vécurent furent ainsi soustraits à notre curiosité. Mais, à l'heure de l'automobile, le Ténéré n'est plus une difficulté ; c'est au contraire devenu un magnifique terrain de jeu pour amateurs de 4 x 4 et d'archéologie facile, qui en toute irresponsabilité dégradent et pillent ces témoins d'une époque révolue.

---

(2) Le tifinar est l'alphabet des Touaregs

Djanet
TASSILI N'AJJER
MASSIF DE TADRART
MANGUENI
HOGGAR
Tamanrasset
TASSILI DU HOGGAR
ERG ADMER
Mt Tiska
Adrar Mariaou
TIBESTI
Mt Gautier
PLATEAU DU DJADO
ERG KILIAN
Rocher Toubeau
Orida
Site Blaka
Kef-Berliet
Greïn
Djaba
Djado
Adrar Bous
Temet
Mt Greboun
Chirfa
T E N E R E
Seguedine
Pic Zumri
MASSIF TAMGAK
Arlit
Iférouane
Adrar Chiriet
Falaise du Kawar
Aney
Talak
Arakao
Mt Taghmeurt
Achegour
AÏR
ou
AZBEN
Adrar Madet
MASSIF DE TAKOLOKOUZET
Mt Areschima
Dirkou
Fachi
BILMA
Timia
Mt Bagzans
Arbre du Ténéré
GRAND ERG DE BILMA
Zoo Baba
Dibella
Mt Tarouadji
Adrar Azzaouager
Tazolé
Agadem
AGADEZ
In Gall
MASSIF
DE
TERMIT
Falaise de Tiguidit
Ngourti
ERG DU TENERE
Nguigmi
LAC TCHAD

Vent de sable (erg de Bilma - Ténéré)

« Nul ne peut après avoir mené cette existence, demeurer ce qu'il était avant. Il n'échappera plus à la nostalgie du retour, discrète ou violente, suivant sa nature. Car ce pays cruel a un pouvoir d'envoûtement que ne possède aucune contrée bien tempérée. » Wilfred Thesiger

(extrait du livre le Désert des déserts. W. Thesiger)

BIBLIOGRAPHIE

ADAMOU Aboubakar, 1979, *Agadez et sa région. Contribution à l'étude du Sahel et du Sahara nigériens,* Etudes Nigériennes n° 44, Niamey,.

AL-IDRISI, 1154 (manuscrit). *K. nuzhat al-mushtâq fi ikhtirâq al-âfâq.* Edit. et traduction R. Dozy et M.-J. de Goeje (Description de l'Afrique et de l'Espagne), Leyde, 1866.

AL-YA'KUBI, 891 (manuscrit). *K. al-buldân,* Edit. de Goeje, Leyde, 1882 ; traduction G. Wiet, Le Caire, 1937.

BAROIN C., 1985. *Anarchie et cohésion sociale chez les Toubou : les Daza Kécherda (Niger),* Cambridge : Cambridge University Press, Paris : Editions de la Maison des sciences de l'homme. 455 p.

BARTH H., 1857-58. *Reisen und Entdeckungen in Nord und Zentral Afrika in den Jahren 1849 bis 1855,* 5 vol., Gotha (J. Perthes).
Travels and Discoveries in North and Central Africa, 3 vol., New York (Harper), 1857-1859 ; réimpr. Londres (F. Cass), 1965.

BARTH H., *Travels and discoveries in North and Central Africa,* édition Bradley, 1860.

BARTH H. et BERNUS S., 1972. *Heinrich Barth chez les Touaregs de l'Aïr, extraits du journal de Barth dans l'Aïr, juillet-décembre 1850,* traduction et commentaire de S. Bernus. Etudes Nigériennes n° 28. Niamey.

BARY E. de, 1898. *Le dernier rapport d'un Européen sur Ghât et les Touaregs de l'Aïr, journal du voyage d'Erwin de Bary, 1876-1877,* traduit et annoté par H. Schirmer. Paris, Fischbacher.

BECKWITH Courol - VAN OFFELEN Marion. *Nomades du Niger.* Ed. Chêne, 1983.

BERNUS E., 1981. *Touaregs nigériens, unité culturelle et diversité régionale d'un peuple pasteur.* Paris, O.R.S.T.O.M. (Mémoire n° 94).

BERNUS E. & S., 1981. "Les Kel Illagatan, une pratique carnavalesque dans le mariage touareg (Iullemmeden Kel Dinnik)", Paris, (Mémoire de la Société des Africanistes), in *Itinérances en pays peul et ailleurs... mélanges à la mémoire de Pierre-Francis Lacroix.*

BONTE P., 1970. *Production et échanges chez les Touaregs Kel Gress du Niger,* Thèse 3e cycle, Paris, Institut d'éthnologie, micro édition.

DE BURTHE D'ANNELET (Lt-Colonel). *Du Sénégal au Cameroun par les confins libyens.* Ed. Firmin-Didot, imprimerie, 1935.

CARL L. J. PETIT J. *La ville de sel. Du Hoggar au Tibesti,* Julliard, édit. 1954.

CHAPELLE J., 1957. *Nomades noirs du Sahara,* Paris : Plon, Rééd. 1892. Paris : L'Harmattan, 456 p.

DENHAM D. (H. Clapperton et W. Oudney), 1826. *Narrative of Travels and Discoveries in Northern and Central Africa in the Years 1822, 1823 and 1824,* Londres, réédit. E.W. Bovill.

DUBOIS Félix, 1897. *Tombouctou la mystérieuse,* Paris, Flammarion.

DUROU Jean-Marc - JAFFRE Joël - BERNUS E. *Les Touaregs, pasteurs et guerriers des sables.* Edition Berger-Levrault, 1984.

DUROU J.-M., 1985. *Sahara,* Edit. Agep. 156 pages.

DUVEYRIER H., 1864. *Les Touaregs du Nord,* Paris, Challamel.

FAURE H., 1962. *Reconnaissance géologique des formations sédimentaires post-paléozoïques du Niger oriental,* Edit. du B.R.G.M., Paris.

FOUCAULD (Père Ch. de), 1925-1930. *Poésies touarègues, dialecte de l'Ahaggar,* Paris, Leroux, t. I, 1925 ; t. II, 1930.

FOUCAULD (Père Ch. de), 1940. *Dictionnaire abrégé Touareg-Français des noms propres, dialecte de l'Ahaggar,* Paris, Larose.

FOUCAULD (Père Ch. de), 1951-1952. *Dictionnaire Touareg-Français, dialecte de l'Ahaggar,* Paris, Imprimerie Nationale, 4 vol.

FOUREAU F., 1902. *D'Alger au Congo par le Tchad, mission saharienne Foureau-Lamy,* Paris, Masson.

FRISON-ROCHE. *Mission Ténéré,* Ed. Arthaud, Paris, 1960.

FUCHS P., 1983. *Das Brot der Wuste. Sozio-oekonomie der Sahara-Kanuri von Fachi.* Wiesbaden. Franz Steiner Verlag, 240 p.

FUCHS P., 1988. "Téda et Kanouri : les relations inter-ethniques à Fachi", in *Gens du roc et du sable - les Toubou,* Hommage à Ch. et M. Le Cœur, textes réunis par C. Baroin, Paris, C.N.R.S., 286 p., p. 139 - 147.

GENTIL Pierre. *Confins libyens, lac Tchad, fleuve Niger,* Imprimerie Charles Lavauzelle, Paris, 1946.

GHOUBEID Alojaly, 1980. *Lexique Touareg-Français,* Copenhague, Akademisk Forlag.

GRANDIN G., 1951, "Notes sur l'industrie et le commerce du sel au Kawar et en Agram", Dakar. *Bulletin de l'Institut Français d'Afrique Noire,* t. XIII, pp. 488-533.

GREBENART D., 1985. *Le Néolithique final et les débuts de la métallurgie (la région d'In Gall-Teggidan Tesemt).* Programme archéologique d'urgence, II ; Etudes nigériennes n° 49, Niamey.

GREIGERT J. et POUGNET R., 1967. *Notice explicative sur la carte géologique de la République du Niger à l'échelle du 1/2.000.000,* Edit. du B.R.G.M., Paris.

HUGOT H.-J. *Missions Berliet Ténéré-Tchad,* Art et Métiers Graphiques, Paris, 1960.

HUGOT H.-J. - BRUGGMAN M. *Les gens du matin, Sahara,* Bibliothèque des Arts, Lausanne/Paris, 1976.

JEAN C. *Les Touaregs du sud-est de l'Aïr,* Edition Larose, Paris, 1909.

LANGE D., 1977. *Chronologie et histoire d'un royaume africain,* Franz Steiner Verlag, Wiesbaden, p. 42.

LE CŒUR M., 1985. *Les oasis du Kawar - Une route, un pays,* Tome 1 : *"Le passé précolonial",* Niamey : Institut de Recherches en Sciences Humaines, études nigériennes n° 154, 136 pages.

LESOURD M. (Colonel). *Tarikh el Kawar,* Bull. de l'IFAN, 1946.

LHOTE H., *L'épopée du Ténéré,* Collection l'Air du Temps. Edit. Gallimard. Paris, 1961.

MONOD Th. - DUROU J.-M. - JAFFRE J., 1978. *La caravane du sel,* Paris, Denoël.

MONOD Th. et DUROU J.-M., 1988. *Déserts,* Edit. Agep, 320 pages.

MOREL A., 1985. *Les hauts massifs de l'Aïr (Niger) et leurs piémonts : étude géomorphologique,* Institut de Géographie Alpine, Grenoble.

NACHTICAL G. *Sahara et Soudan,* Hachette, Paris, 1881.

NICOLAS F. *Les Ioullemeden de l'Est "Touareg Kel Dinnik",* Imprimerie Nationale, Paris, 1950.

PARIS G. - LANGLOIS E. éditeurs, 1914. "Chanson de Roland" in *Christomathie du Moyen Age. Extraits,* Paris, Hachette.

RETAILLE D., 1986. "Oasis, conceptions du lieu et méthodologie géographique", in *Etudes Sahariennes,* Cahiers géographiques de Rouen, 26, Institut de Géographie de Rouen, p. 17-35.

RIOU Y., 1968. *La révolte de Kaocen et le siège d'Agadez,* Niamey, 126 p. ronéo, annexes.

RITTER H., 1981. *Caravanes du sel,* Paris, Arthaud.

RODD F. *People of the viel,* Londres, 1926, éd. Mc Millan.

ROSET J.-P., 1971. Art rupestre en Aïr ; *Archéologia,* 39, p. 24-31.

ROSET J.-P., 1983. Nouvelles données sur le problème de la néolithisation du Sahara méridional : Aïr et Ténéré, au Niger ; *Cahiers de l'O.R.S.T.O.M.,* série Géologie, XIII/2, p. 119-142.

ROSET J.-P., 1984. Iwelen, un site archéologique de l'époque des chars dans l'Aïr septentrional, au Niger ; *Colloque Libya Antiqua* U.N.E.S.C.O., 16-18 janvier 1984.

SALIFOU A., 1973. *Kaoussan ou la révolte Senoussiste.* Etudes Nigériennes n° 33, Niamey.

SERVANT M., 1983. *Séquences continentales et variations climatiques : évolution du Bassin du Tchad au Cénozoïque supérieur ;* Travaux et Documents de l'O.R.S.T.O.M., Paris.

TAQUET Ph., 1976. *Géologie et Paléontologie du gisement de Gadoufaoua : Aptien du Niger,* Edit. du C.N.R.S., Paris.

TILLET Th., 1983. *Le Paléolithique du Bassin tchadien septentrional (Niger - Tchad),* Edit. du C.N.R.S., Paris.

ZELTNER J.-C., 1980. *Pages d'histoire du Kanem - Pays tchadien,* Paris : L'Harmattan, 273 p.

CREDIT PHOTOGRAPHIQUE

M. BRUGMANN : page 2
S. KAUFMAN (Peters ARNOLD-INC) : page 100
J.E. NEWBY (WWF) : pages 102 104 107 108 (en bas)
F. POLKING (Peters ARNOLD-INC) : page 106
J. ROTMAN (Peters ARNOLD-INC) : page 109
T. TILLET : pages 30 - 31 - 32 - 33 - 52 - 53

Précision :
Dans ce livre, les différences orthographiques apparaissant dans les noms propres sont dues aux différents auteurs qui ont écrit sur le sujet au cours du XIXe siècle et au début du XXe siècle.

Collection dirigée par
Jean-Marc Durou
avec la collaboration de
Maurice Dessemond

Cet ouvrage a été réalisé, photogravure et impression par
AGEP
336, avenue de Mazargues, 13008 Marseille

La mise en page est de
Jacques Baret

Achevé d'imprimer en avril 1990
sur les presses de l'imprimerie AGEP, Marseille, France.
Dépôt légal 46 - Avril 1990. ISBN 2902 634-49-1
Imprimé en France

Lauréat du Cadrat d'Or 1987